中国近代基层社会治理著作整理丛书

主　编　**但彦铮　胡尔贵**

副主编　**佘杰新**

地方自治概论

林众可　著　　佘杰新　整理

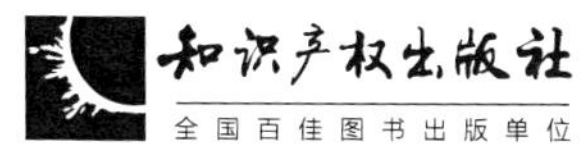

—北京—

图书在版编目（CIP）数据

地方自治概论/林众可著；佘杰新整理. —北京：知识产权出版社，2025.1
（中国近代基层社会治理著作整理丛书/但彦铮，胡尔贵主编）
ISBN 978-7-5130-9133-6

Ⅰ.①地… Ⅱ.①林… ②佘… Ⅲ.①地方自治—研究—中国 Ⅳ.①D693.62

中国国家版本馆 CIP 数据核字（2024）第 008779 号

责任编辑：常玉轩　林竹鸣　　**责任校对：**谷　洋
封面设计：陶建胜　　**责任印制：**孙婷婷

中国近代基层社会治理著作整理丛书
主编　但彦铮　胡尔贵
副主编　佘杰新

地方自治概论

林众可　著
佘杰新　整理

出版发行：	知识产权出版社有限责任公司	**网　　址：**	http://www.ipph.cn
社　　址：	北京市海淀区气象路 50 号院	**邮　　编：**	100081
责编电话：	010-82000860 转 8792	**责编邮箱：**	linzhuming@cnipr.com
发行电话：	010-82000860 转 8101/8102	**发行传真：**	010-82000893/82005070/82000270
印　　刷：	北京中献拓方科技发展有限公司	**经　　销：**	新华书店、各大网上书店及相关专业书店
开　　本：	720mm×1000mm　1/16	**印　　张：**	17.25
版　　次：	2025 年 1 月第 1 版	**印　　次：**	2025 年 1 月第 1 次印刷
字　　数：	186 千字	**定　　价：**	99.00 元

ISBN 978-7-5130-9133-6

总　序

国家安全是民族复兴的根基，社会稳定是国家安全的支柱。而维护社会秩序和实施安全治理，不仅需要正确的理论指导，还需要科学合理的制度设计以及充分且多样化的实践。因此，坚持理论与实践有机结合，坚持“古为今用、洋为中用”的理念，兼收并蓄，立足国情和当前实际并放眼未来，积极进行理论创新、制度创新和实践创新，才能不断夯实社会稳定的基础，进而建设高水平的平安中国。

为了全面、详细和系统地了解安全治理的理论渊源、制度变革及政策实践，我们与中国社会科学文献出版社合作，陆续推出了“安全治理研究”系列丛书第一批译丛。该系列译丛，主要以警察科学的知识和理论体系的建构为主要内容，因此，既有百科全书这样的巨著，又有西方警察发展历史及其警察学教材，还包括当代警务改革、警察科学理论以及安全治理理论发展方面的最新著作。这些著作的译述，能够帮助我们了解西方警察学术的发展历程及其最新发展。而后，我们又与知识产权出版社合作，推出了“社会治理丛书”两辑。该系列丛书中的译著，主要关注的是各国运用警察学、犯罪学和相关理论维护社会秩序和实施安全治理活动中的经验做法，兼具理论与实践。同时，该丛书还包括部分以我国当前的社会治理和犯罪治理问题为导向，进行专题实证研究的学术著述。“读史可以明智。”“了解和熟悉历史才能把握现在；研究并洞悉现在才能展望未来。”警察在社会与安全治理的过程中，具有十分重要的地位作用。我们与法律出版社合作，推出了“民国时期警政研究校勘丛书”。该丛书收录了民国时期警政研究的代表性作品，是一套兼具警政研究学术价值、警察制度史料价值和警政实务现实意义的优秀丛书，丛书作者都是民国时期的专家。

今天，我们再次选择知识产权出版社合作，推出“中国近代基层社会治理著作整理丛书”，通过历史透镜，审视近代中国乡村社会的村治历程、举措及其经验，可以为我们思考如何全面推进乡村振兴战略提供历史借鉴。2021 年中央一号文件《中共中央　国务院关于全面推进乡村振兴加快农业农村现代化的意见》提出：“深入推进平安乡村建设。”党的二十大报告强调要完善社会治理体系，并指出：“健全共建共治共享的社会治理制度，提升社会治理效能”“建设人人有责、人人尽责、人人享有的社会治理共同体”。为此，我们挑选《比较地方自治论》《地方自治概论》《地方自治述要》《乡村自治》《村治之理论与实施》《村制学讲义》《地方自治概要》《农村自治实验记》《地方自治通论》《中国各市自治概述》等十余本富有价值的民国专著，全面掌握当时地方自治、村民自治的历史背景、实践探索、制度机制。尽管时代发生了诸多变化，但是，民国时期以及近现代的过往实践和当时学者的思考、研究和建言，仍然具有一定的借鉴意义。有些做法，我们未必赞成，但足以引起思考；有些做法，值得我们借鉴，则更见现实意义；有些做法，已显得不合时宜，但反观其与当时时代的紧密联系，也足以给我们启发。尽管原作者在当时所处的政治立场不同、身份特殊，但他们不乏真知灼见。“温故而知新”，我们还可以说“温故而创新”。希望这种“温故”的工作足以让我们在全面推进乡村振兴战略过程中“知新”，进而做到“创新”。“沉舟侧畔千帆过，病树前头万木春”，我们期盼这些著作的重新整理，在剔除原作者政治立场之后，读者以现代的眼光审视这段历史中有关社会与安全治理的理论、制度及其实践，能够做到古为今用，开卷有益。

我们深信，在全面推进依法治国、推进中国式现代化的历史征程中，通过古今中外有关安全治理和社会秩序维护的理论、制度及其实践的梳理，可以进一步提升我们的理论水平，增强对中国特色社会主义的理论、道路、制度和文化的自信心。

由于时代不同，整理工作实属不易，即便我们用尽了“洪荒之力”，仍有可能存在不足与问题，万望各界专家海涵并指正。最后我们要感谢西南政法大学师生和编辑同志对本丛书出版的大力支持，感谢他们倾囊相助，无私奉献！

编校组

2023 年 11 月 · 山城重庆

凡　例

1. 本套丛书的原著于1931—1948年陆续由商务印书馆、正中书局、大东书局、昌明书屋、民智书局、村制月刊社等出版发行。此次整理出版，均以当时出版发行的底本为据。

2. 为方便今天的读者，此次整理将原著的繁体竖排全部改为简体横排。繁体字统一改为规范简体字，规范简体字参考《通用规范汉字表》（2013年版）。古体字、异体字（参考《第一批异体字整理表》及历次修改内容）的改动于原文无损者，一般改为规范简体字；部分可能引起误解的人名、地名酌情保留。通假字、异形词、非推荐词仍予保留。

3. 原著中因排字等原因造成的明显错误，如“已”“己”“巳”等，此次整理时据上下文径改，不作特别说明；对于脱字和衍字，改动不存在疑问、不影响文意的，整理时径改，不另行说明；书中出现的外国名词拼写出现的明显错误，也径改不注。

4. 为了保持原著意味，某些民国时期习惯使用的表达方式和用词，不影响当今读者的阅读和理解，如“著、着”“的、地、得”“吗、么”等混用情形，均不作修改。

5. 对当今不经常使用的某些字词，或者容易出现歧

义、理解有困难的字词，由整理者以脚注方式进行注释。

6. 原著大部分没有标点，少部分只有句读，此次整理时以《标点符号用法》（GB/T 15834—2011）为依据重新加以标点。

7. 由于作者的政治倾向和时代局限，书中一些地方存在不当评论与表述，整理时予以标明或作删除处理。

8. 图表位置尊重原文，适当作修图处理。文中示意图排版时重新绘制，图题一律放置图下。表重新绘制，表题放置于表上，跨页加“续表”二字。

9. 数字、纪年如为汉数，尊重原文尽量不作修改；数字为统计数据时，局部统一为阿数。

10. 脚注除特别说明，均为整理者注。

序　言

这部书，共有六章；其第一、第二两章，是我在上海法政学院讲授地方自治时所编的，第三、第四、第五、第六四章，是我在上海市地方自治训练所讲授地方自治时所续编的。这六章之中，后来虽经几次修改，并增加了不少的新材料，但在大体上，还是和原讲义没有多大出入。所以，在这里，并没有别的话可说；所要说的，不外关于当时编讲义的主旨的一些话。即：（一）因在国中，关于地方自治的著作，最近还是很少，尤其关于地方自治之有系统的叙述，差不多没有看见过，所以特把它探寻一个系统出来。即：第一章讲绪论，第二章讲地方团体的构成，第三章讲地方团体的机关，第四章讲地方自治的划分，第五章讲地方自治的运用，第六章讲地方自治的监督。（二）这种制度，在中国乃是第一次的试验，虽尽量参照诸学者的学说及各国的成制，但圆枘方凿，总嫌其不适于用，不得已乃参酌我国的种种情形，附以私人的见解。（三）营造物的用语，在地方自治制上，最是广被使用的；所以对于营造物的观念，不得不加以详细的说明，及对于营造物的观念之不合理的解释，不得不加以学理的辩证。（四）将地方自治体之自治的机能，分为行政机能和财政机能二种。即关于自治机能之固有事务和委任事务两者之中，将组织权、法规制定权、公共的劳务管理权等，包含在行政的机能之内；将财产管理权、支出财政权、收入财政权等之财政的管理权，包含在财政的机能之内。把前者称为地方自治体的行政管理权，把后者称为地方自治体的财政管理权。像这些名词，在我们国中，虽尚未成熟，但为研究关于地方自治的运用之便利起见，不妨把它这样地区分出来。（五）地方团体原具有法律上之独立的人格，于其自治的范围以内，可以为独立不羁的行动，所以监督机关之监督地方团体，和普通的监督官厅之监督下级官厅不同。因此，乃于第六章内，对于监督权的内容，详为分别说明。要之，这部书，在学问上有多少的价值；又对于地方自治之推行，能予以多少的援助，我自己是很明白的。不过，一个人的识力，究竟有限，或者尚有许多我自己看不见的毛病和想不到的错误在那里头，亦不敢说；尚望海内读者不客气地加以指正；倘承把此书作为批评之对象，那末，我的始愿再无以复加了。

末了，对于梁竹青女士代我整理全部稿件，内政部曹耐公兄见赠各种材料，及学生王剑心君复核参考资料，趁此机会，谨附数语，用表感谢的意思。

林众可　二十，四，六于上海

目　录

CONTENTS

第一章　绪　论

第一节　关于地方自治的基础观念

在地方自治（local self - government）上，最为根本之重要的，是使构成地方自治体及办理地方自治的人，对于地方自治的基础观念能够澈底理解。

现值训政时期，公民权的范围已着着扩充，自治机关的均等主义已渐渐充实，同时，地方自治体之自治权的范围，也次第地扩充起来，而人民自治的理想亦因之具象化了。可是，要使这种新制度行到最有意义，而使自治之运用收到实效，以达宪政之治，则无论如何对于自治体本身非有关于“自治之普遍的理解”与为这种理解之基础的“爱育自治心”不可！

回想到我们的社会生活，尤其经济生活，到了近来，愈走愈不通了。现在要想打通，把人生导入幸福之途，自应遵照总理所训示我们之“建设地方自治，促进民权发达”，而向地方自治体之公共的劳务管理之充实。

由这样看来，以促进人民自治为中心之最近的时势，对于人民之关于自治之普遍的理解与爱育心，其有

何种痛切的要求，可以想象。

从这个“思索的窗”，望到社会的现实，可知其刺激我们眼力最强的印象，就是对于构成自治体与办理自治的人，须予以关于自治之普遍的理解。不过，所谓普遍的理解者，并非单纯关于法规之“形式的”“皮相的”解释论之普及，那是：“自治究竟是甚么？为甚么要有自治？”“自治在现在如何运用？又应如何运用？”换句话，就是除却关于自治之平明的现实之把握及其理想之探求之外，没有别的。

关于自治之平明的现实之把握与理想之探求，自是一个很不易达到的目的，要想在这小小的册子内把它十分述出，原难做到，所以现在只得把本书的主眼及其所期望的要点：

（1）地方自治之本来的意义到底是甚么？

（2）地方自治体要怎么样组织？

（3）地方自治体要活动于何种机关，又其种种机关如何构成，并以何种权限工作的，以及关于这些机关将来有何问题发展的？

（4）地方自治如何运用，即所谓自治权者怎么样种其基础，并包含有如何的内容之权能，而这些各种权能具有如何性质，其活动在何种之具体的状态，又今后应如何活动？

（5）国家对于地方自治体，何以要加以监督，又应怎么样监督？

提出一说，兹请先言地方自治的意义。甚么是地方自治？这一个问题，在各名著中，有种种的解答：

“地方自治非他：乃是人类所组成之大群中各个分子，因为社会环境之摩荡，谋求生活安全之必要，依其意力之表现，对于大群以外，特备供给此种需要而成之制度。”

“地方自治之意义：盖谓一地方区域内之公共事务，由其地方区域内的人民依共同的意识而自行处理之意。”

“地方自治：是补助国家行政或竟代国家行政而起之一种行政方式。”

“地方自治者：地方团体间接施行国家之政务，以为自己生存的目的。简单点说：就是自己处理自己之事务（the act of governing one's self）不受他人之干涉是。”

“地方自治：乃一地方之人民自己治自己之意。”

“在法律上，于国家之外有认为行政权之主体的，是为公共团体；地方自治：即此公共团体处理自己事务之谓。”

“地方自治者：由地方以非专任之官吏而参与于国权之行使之谓。”

本来自治行政的意义是很多，要想找个一定的是很难。据我的意思：还是把它作为“地方自治是地方团体所行的自治行政”解释，较为贴切。

现在既把地方自治下了这个定义，那末就要跟着对于“行政是甚么”“自治行政是甚么”“地方团体所行的自治行政是甚么”这三种行政观念，加以简单的研究。

第一款　行政的意义

行政（administration）的意义，最广义的说来，可以说是：人类为实现特定的目的所行之有计画的事务。依着这种意义，则家族生活的家政、企业的经营、学校及协会的事务等，也可以说是与国家及公共团体之行政一样。在实际上，我们对于行政一语，都是用着像这样广大的意义。不过，照通常的意义，原是比这个狭小一点：它是指国家及公共团体为实现其统治的行为及事务而言。因此，于行政上，在国家并公共团体与特殊的目的并特殊的团体相关连的时候，才可以予以这种概念的特征。照通常说来，所谓行政者，就是用着公共行政的意义。可是，行政可各依国家作用之如何而加以区别么？譬如三权分立说，以国家作用，除去立法和司法，将其他一切之作用称为行政，可以么？要晓得像这种说法完全是不理解行政的性质。为甚么呢？因为行政之本来的性质，原是包含有立法、司法各种的作用。至于三权分立之说，其渊源本出自洛克（John Locke，1632—1704），而完成之者，则为孟德斯鸠（Montesquieu，1689—1755）(注一)。孟氏所以主张立法、行政、司法三权分立者，其意是在防止政府滥用权力，借此冀收以权制权之效。在孟氏以前，并无立法、行政、司法三权之分立，所以国家一切作用皆属行政范围，因而行政本身亦无特质可言。自孟氏的三权分立说盛行以后，于是乃有“立法”、“司法”同“行政”相异的说明之发生。不过，这种说明，乃是据自三权分立说之历史的意义而来，其实于行政本身的性质，仍不会有甚么变更的。盖因：（一）孟氏的三权分立说，是在防止政府专制，保障人民自由；（二）孟氏的三权分立说中之立法权，完全是属人民的政权，不是属政府的治权；（三）孟氏的三权分立说，是创于由君权流到民权的过渡时代；（四）孟氏的三权分立说，是重法治而轻人治；（五）孟氏的三权分立说，是为求“中古式”的民治制度之适合；（六）孟氏的三权分立说，乃是孟氏时代的环境所激刺而生的。把这几点归纳起来，可知他这种划分乃是完全应着当时的潮流而来，于行政本身的性质，丝毫不受变动，甚为明了。我们生当时代的运动，已经向着民权主义前进，人民对于国家的观念，“已经改变方向”的今日，那里能够对于行政的说明，而以已失“时代性”之制衡原理的立法行政，司法之行政，作为根据呢？

所以现在我们所说的行政，并不是像三权分立之立法、行政、司法的行政，乃是照宪法的顺序，即在一定的规定之下所行的行政。

我们国家活动之基本原则，是为五权宪法。按五权宪法的规定，国家之活动，计有五种：第一行政权，第二立法权，第三司法权，第四考试权，第五监察权。这虽然分有五种的作用，其实都是属于国家的作用；断不能以其机关之不同，而为行政各作用之区别。例如立法机关本是立法的，但对于预算之审查，也是要行的。在这里，我们可以明白行政的观念实有二种：一是实质上的意义，一是形式上的意义。

那末，实质的意义之行政究是甚么东西呢？大凡在国家的作用里，有“制定法规的作用”与“活动于法规之下的作用”之二种。五权宪法是以应用权能区分的原理，以四个政权——选举权、罢免权、创制权、复决权——属诸人民，以五个治权——行政权、立法权、司法权、考试权、监察权——属诸政府；以人民的四个政权去管理政府，去控制政府；而政府的五个治权，则以各自独立不相牵制为原则。在五个政府权之中，制定法规的作用，是为立法。施行刑罚权以处罚犯罪者之刑事作用，与适用私法的法律关系之法规以决定的民事作用，相并而称为司法。施行考试之人材作用，是为考试。专管弹劾之廉洁作用，是为监察。除了立法、司法、考试和监察之外，所余的法规下之国家活动的总体，称为实质上的行政。

至于形式的意义之行政，则不必像前面所说与立法、司法、考试、监察相对立的意义之行政那样。盖因国家的行政机关所行之国家行为，其实质的内容也有立法作用与司法作用之一切的行政的缘故。这就是形式的意义之行政的观念。例如：立定一种条例，从实质上看来，是立法行为，但从形式上看来，其实是国家的行政机关所行的行为，这就是形式的意义之行政。又如公安局按着警察犯处罚，以即决处分科以罚金，这原属司法之一种；可是，是由所谓公安局之行政机关所执行的行为，这就是属于形式的一种行政。由这样看来，实质上的行政与形式上的行政，其不必一致，可以明了。

在这里，所谓地方自治，既系行政之一种，但它究是带着何种的意义呢？这不待言，自是属于形式的意义之行政之一种。因此，地方自治在行政的意义之中，地方团体也有属于裁判所行为的，也有规定法规的，其不必限定实际上的行政，毫无疑义。

（注一）按在孟德斯鸠之前，有英人洛克者，曾倡三权分立之说。他把政府的权力分做三个，就是立法权、执行权和外交权。不过，像这样分法，只能算为学理上的分类；因为他在实际上，除主立法权应属之于议会外，而把执行和外交二权属之于同一机关，其实这只能算为二权分立。后来孟氏就著了一本《法意》，把洛克所主之执行权和外交权归并作为一权，叫做行政权；又加上了一个司法权，再合洛克所主之立法权，成为立法权、行政权、司法权的三权分立说。这个三权划分的内容即："每种政府都有三种权力，即立法权、行政权、司法权。君主或执政官用第一种权力，来制定暂时的或永久的法律，修改或废止现行的法律。用第二种权力，来宣战、媾和、遣派或接受公使，保障国内的公安，设备国界的防御。用第三种权力，来处罚犯罪或裁判个人中间的争讼。"（见第十一卷第六章语从高译）孟氏是法国人，他的出世，正值路易十四过世之后。像美国联邦政府之成立，英国的浩布思❶、洛克等之露头角，法国卢骚❷所著的《民约论》之出版，差不多都在那个时候。

第二款　自治行政的意义

地方自治云者：乃是行政中之一部的自治行政。本来，在国家行政里，有国家自身所行的行政和公共团体所行的行政之二种行政。国家自身所行的行政，称为官

---

❶ 即托马斯·霍布斯，英国政治家、哲学家。

❷ 即卢梭。

治行政；而对此官治行政，其由公共团体去行的行政，则称为自治行政。我们要想明白这个自治行政的意义，于自治的观念及特质上，便可完全看出。兹将自治的观念及特质，分别说明于后。

一、自治的观念

自治的观念，有二个意义：一是人民自治，一是团体自治。

人民自治的观念，是发达于英吉利的思想。距今约有二百多年以前，方欧洲各国正向专制路上进展的时候，英国忽然走入了立宪的别径。这个时候，英吉利在都铎朝，总算是君权最盛的时代，论理立宪制度，是很迎合当时人民的要求，其成功自非甚难。不图仍要靠了数次的革命，及一度的大流血，才得达到。要之，英国的国民性，夙富于自由思想，所以其自治之运动，不仅只限于行政一端，例如国会议员所参与之立法事业，陪审员所干与之裁判审理，在他们看来，都算是自治权的扩充。并且英国人之此种思想，在贵族和大地主阶级，发达尤早，所以其获得政治上之自由，比较的来得容易：无论在立法上、行政上、司法上，凡足以发扬民意的制度（如国会制度、陪审制度及地方自治制度等），无不老早就建设于全国。向来英国人的自治观念，是以“人民”为重；换句话，就是无论甚么事，都要人民自己来做，不赖政府代劳，因此，一般都称它为人民自治。这种意味的自治，实和民众政治同一观念。它是指人民自己所行的政治而言，例如，代议制之立法的自治，陪审制之司法的自治等都是，初不必只存有地方自治的观念。

第二的观念：是为团体自治，即团体所行的行政。换句话，就是国家畀各种团体以人格，其以这种人格的团体名义所行之某种类的行政，便是团体自治。由这样看来，可以知道前面所说之人民自治的观念，是为广义的自治，这里所说之团体自治的观念，则是狭义的自治。这种团体自治的观念，乃是欧洲大陆所发达的产物。我们已经晓得，当十二三世纪的时候，欧洲大陆各国的地方农村，多为诸侯的威力所压迫，在政治上不能得到一点的自由。但因该时诸侯日事战争，苦于军费无出，于是不得不向都市之有资力者，设法搜括；而都市之有资力者，以屡被搜括，不堪其扰，乃群起要求王侯，请畀以相当的国家权力，以为军费筹集之交换；而王侯为要扩张领土，以逞其野心之故，不得不勉如所请；因此，就成为所谓“自由市”者。后来都市势力，日趋膨胀，及至王政复古，自由市虽归消灭，但农村生活则得稍苏。旋承文艺复兴之后，希腊、罗马之古典派如柏拉图、亚理斯多德等的政治论之研究及罗马法学者所传的自然法学之研究，先后盛传之结果，乃致自由思想为之勃兴；同时，要求解放地方团体之声，各国相继而起。因此，在国家制度上，既获得立宪政治之颁布，而在地方行政上，地方团体又获得互以独立的人格以为地方的行政之施行；所以这种团体之为完全的人格者，其在自然法上，便早已存在了的。这就是团体自治的观念，发达于欧洲大陆之大略的情形。这种自治观念，其和人民自治的观念相异的，即在它乃以“团体”为重并不以“人”为重之一点。

综上以观，我们对于自治的意义，在欧洲政治思想中，可得两派：一为英国派，即自治者乃人民自己为政之意；换句话，就是由人民举出代表，执行一切政务之谓，所谓人民自治的观念便是。一为大陆派，即自治者乃地方团体的自治。例如：区乡镇等在国家之下，限于某种范围实行自治之谓；换句话，即以团体自身为主，对于国家主张独立自营之意，所谓团体自治便是。

至于我们现在的自治观念是怎么样呢？简单点说来，就是对于中央的政治，应抱人民自治的观念，对于地方的政治，则抱团体自治的观念。如是，我们对于地方自治之基础的观念，倘欲下一定义：第一，要团体自身持有目的；第二，要团体自己决定自己的意思；第三，意思之决定，须依自己的机关而行，且须依自己的机关执行其意思；第四，关于自治所需之费用，须在自己所出的经费之内开支。像这样二种的观念，互相为用所造出来的组织，就是所谓现代的自治行政。

二、自治的特质

其次，自治对于国家行政，具有怎么样的特质？在这个问题里，固有种种的问题。但，第一，地方团体独立所为的行政，是和国家自身所行之全部行政相对立；换句话，就是对于中央集权的观念，而本自地方分权的思想。所谓中央集权（centralization），即于行政上置一唯一中心点于中央政府所在地，凡行政之一切活动，皆由这个中心点出发。所谓地方分权（decentralization），即于各局部多划立小中心点，各局部之行政的活动，各由其小中心点出发。像现在的法国，则过于集权，英国则偏于分权，都是各有其害的。至于我们中国，照《国民党政纲》乙项第一条："关于中央及地方之权限，采均权主义。凡事有全国一致之性质者，划归中央；有因地制宜之性质者，划归地方，不偏于中央集权制或地方分权制。"这就是折衷于中央集权与地方分权而定的行政制度。换句话，就是凡于全体利害有直接关系的事情，俱用集权主义，由国家直接处理；凡于全体利害不生直接关系的事情，则采分权主义，使各局部自行处理。这就是于全国置一唯一之行政的中心点以外，更有所谓各局部的小中心点在。要之，中央政治的影响，直接波及地方政治，绝不是好的现象。要使地方行政和中央行政进至各相独立的境地，这才是容认自治的一个理由。在中央政治上，政府主要人员更迭的事，原是常见的，倘因此而直接波及一切地方的行政，则在地方行政上，自感不适当。又地方行政，亦应各以地方的事情为基础，行其适当的设施。要之，地方自治云者，便是离开中央政府而行其独立不羁之活动。这是其第一的特质。

第二，一切行政均由国家直接施行，则国家的负担自极重大。所以倘把国家全部的事务交由中央政府施行，则对地方的问题必不能得有适当的设施。并且地方各有地方的特色，发挥其特色的，乃在地方团体，各按其地方的情形而为适当之设施。这是地方自治之第二的特质。

第三，由费用方面说来，地方团体自己办自己的事，其所用的经费乃是自己所支出，所以自会省去无用的费用。这是地方自治之第三的特质。

第四，人民的智识日益发达，自由平等的要求极为迫切，自治本是满足此种要求的工具；换句话，跟着社会的发达，以副人民之政治的自由，因以确立五权宪法的基础。这是地方自治之第四的特质。

第五，施行地方自治，可以养成人民负荷政治的能力，即发展人民对于政治的责任，并可养成办理地方公益事情的精神，以及培植牺牲的精神与公共心。这是地方自治之第五的特质。

第六，可以免去从前所受之中央集权与各省分割之种种的弊害。这是地方自治之第六的特质。

第七，官僚政治的弊害，至此可以扫除净尽。这是地方自治之第七的特质。

第八，人民负担租税，可得公平之表现。这是地方自治之第八的特质。

英谚所谓："Public business is private business of every man"，望我国人，各自努力！

第三款　地方团体

现在说到地方团体。前面已经说过，地方自治云者，乃是地方团体所行的自治行政。所以在这里，有把地方团体提出说明之必要。

地方团体，是公共团体之一种。要知道地方团体是甚么，先要明白公共团体是甚么。

一、公共团体

公共团体，是国家界该团体以人格与目的使之活动的人格者。从法律上说来，就是法人。

所谓法人，是指人类之团体（或物之团体）而为权利之主体的而言。按之通说，权利之主体，有有形人（即自然人），有无形人（即法人）。自然人之发生以（一）出产（二）生命之保有为条件；法人之发生，则与自然人不同，它是依着法律之规定而才发生的。法人有二种：一为私法上的法人，即私法人；一为公法上的法人，即公法人。私法人，是依民法的通则，而组成的法人。公法人，是为国家政治组织一部分的法人。私法人是依着私法予以人格的，公法人是依着公法予以人格的。所谓私法是规定一私人相互之关系的；所谓公法是规定国家与一私人之关系的。例如宪法，是规定国家与民众之关系；行政法，是规定国家机关之行政官厅，与一私人之关系；刑法及刑事诉讼法，是规定国家与罪人之关系，所以都属公法。民法、商法则是规定一私人相互的关系，所以都属私法。

因为公法人，也叫做公共团体，所以其结局，公共团体可以称为具有公法上之人格者的团体。

私法人，更别为社团法人与财团法人之二种。以一定的社员为“法人成立之要件”的法人，叫做社团法人；以财产为“法人成立之要件”的法人，叫做财团法人。又，私法人，不但只认有社团法人和财团法人二种；而在公共团体里，于社团法人和财团法人外，更有所谓地团法人之特殊的法人存在。不过，财团法人是以财产为基础，社团法人是以社员为基础，而地团法人则是以一定的地域为基础。在公法关系上，公法上的社团法人称为公共协会，财团法人称为营造物法[1]，而地团法人则称为地方团体。地方团体者是于一定的土地区划，依国家之委任，办理其团体内之行政的。因为地方团体具有一定的土地区划，故其权力亦有一定的范围。它是绝对不得越出其区划行使其权力的。又，地方团体原依土地之区划而设，所以亦成为许多阶级，如县、区、乡之类是。至其阶级之数，本各按国情而不同：例如德意志各国，按其区域之大小，有分为州、县、郡三级者（如普鲁士），有分为州、郡二级者（如海逊），有仅设县一级者（如巴敦）。但无论其阶级之数之多少与其权力的范围之大小，其实都算是地方团体，而具有公法上之人格的。

二、公共团体的特质

在法人里，有私法人和公法人的区别，这在前面已经说过了。不过，公法人和私法人的区别，究由那一点上划分出来呢？这个区别的标准，并无别的，只是在各法人的目的而已。法人的目的倘是国家的目的（即受国家之委任，办理国家所应办的事，而以存在为目的的团体），便可称为公法人；反之，法人的目的，其非国家所赋予的，则为私法人。

私法人在民法上，本分有营利法人和公益法人之二种。营利法人，是以营利为目的的法人，如股份公司等之以营利为目的的是。公益法人，是以公益为目的的法人，如以学术技艺及其他公益为目的的法人是。要之，

[1] 应为“营造物法人”。

公益法人和营利法人的区别：只在该法人本身其以营利为目的呢，抑以公益为目的呢之一个差别上面。又，于营利法人和公益法人之二种的法人之外，近来更认有所谓中间法人者。这种中间法人，既不以营利为目的，亦不以公益为目的，所以称为中间法人，如产业协会、住宅协会等，大约都是属于这一类的啊！

要之，无论公益法人也好，营利法人也好，中间法人也好，像这些私法人究都不是执行国家之目的的团体。至于公法人，例如区、乡、镇之类的地方团体，其所行的行政，本来都是国家自身所应办的事情。因为国家自身，感于直接办理之困难，乃委由地方团体去办，所以地方团体办理这些行政的事务，在目的上，本来就都具有国家的性质。我们在这一点上，对于公法人和私法人的区别，可以得到标准了。

在这里应加注意的，就是以公益为目的的事情和具有国家的目的的事情，绝不相同之一点。为甚么呢？因为公益云者：虽是公的目的，但并不得径把它视为国家的目的；所以公益法人只算是私法人，不得称为公法人。

再由另一方面说来，公法人的目的，本是由国家赋予的，例如：乡镇的根本法规（乡镇制）所规定之乡镇的事务，虽分有公共事务（团体特有的事务）和委任事务（国家所委任的事务）之二种，但这二种的事务，在目的上，究竟都是由国家以法律赋予的。至于私法人的目的，则是由私人赋予的，例如：创立社会事业协会，其目的原由私人对于法人而赋予的。更说到财团法人，例如某富翁捐出一百万金设立财团法人，该财团法人的目的，是在救护贫民儿童，但这种救护儿童的目的，乃是捐款者——某富翁——所赋予的。像这些私法人，不管其为公益法人或营利法人，而其目的总是由私人赋予的。于此，我们对于公法人和私法人之间，其根本相异之点，亦可完全看出。

公法人和私法人的区别，既如上述，那末对于公共团体（即公法人）的特质，就可因之而得。兹把公共团体的特质，归纳下之四点：

第一，公共团体的目的，是由国家赋予的，而国家并以法律规定其目的的。本来私法人的目的，是依着定款（注一）或捐助行为（注二）规定的，而公共团体的目的，则常以法律规定的（注三）。这就是公共团体之第一的特质（注四）。

第二的特质，公共团体是由国家赋以目的的，所以国家承认其有特别的权能，以达国家所赋予之目的。例如国家对于地方团体，承认其得征收地方税，对于社团法人的水利协会，承认其得强制征收水利协会费之类都是。像这种为国家所承认之公法上的权能，在私法人方面，断没有被承认的余地。

第三的特质，因为公共团体是由国家赋以目的的，所以对于国家有负担办理这种目的的义务。私法人办理其所欲达之目的，在法律上，对于国家并不负有何种义务，所以对其事业之经营，无论如何没有成绩，对于国家总是绝对不负责任。至于公法人之对国家，既负有办理国家所赋予的目的之义务，那当然也负有办理这种目的的责任。

第四的特质，公法人应服从国家之特别的监督。公法人既以上列的目的，活动于上列的义务之下，所以其行为须受国家之特别的监督。

（注一）凡社团法人之设立，须以定款定其组织。这自社员之相互的关系看来，就是契约的方式。

（注二）凡财团法人之设立，须以捐助行为定其组织。捐助行为者，因设立财团法人之故，以自己的财产，为无偿而处分之单独的行为是。

（注三）例如市有市制，水利协会有水利协会法，耕地整理协会有耕地整理协会法等，都是由国家以法律规定其目的的。

（注四）如“海外移居协会法”“产业协会法”“住宅协会法”等，虽是由国家以法律规定私法人的目的，但国家对于这些私法人只是规定其目的而已；至其目的之本身，则绝非国家所赋予的。

又，国家赋以目的云者，实和办理国家的事业者，不必同一。为甚么呢？因为办理国家的事业者，原不必都是公法人，而在私法人里，也是常有的。例如教育事业本是国家的事业，但由私法人办理的例，也是很多。又如营利公司所经管之地方铁路，虽说铁路事务是国家的事务，但决不能以该公司办理国家的事务之故，而称该法人为公法人。

大凡办理国家的事务，其法人的目的，倘是依着定款或捐助行为而赋予的，这通常都是私法人。其由国家命以要怎么样怎么样去办理的法人（即由国家赋以怎么样怎么样的目的的法人），乃是公法人，也就是公共团体。

三、地方团体的特质

公共团体的特质，既如上述，那么公共团体中之地方团体的特质怎么样呢？这自是我们急急要知道的。现把其主要的一二点说明于下：

第一，地方团体是以地域为其构成要素，这算是一个特质。大凡社团法人，无论为公法人或私法人，都不过以社员为其构成要素，而财团法人亦不过以财产为其构成要素，至于地方团体就不是这样；它无论如何非以一定的地域为其构成之要素不可。地方团体之构成要素既为地域，所谓地域乃属国家领土之一部分，国家对于领土原握有领土权，现在该领土之一部分既划归地方团体范围，那地方团体对于其范围内之地域，自然亦握有地域的支配权了。惟其如是，所以凡居住在地方内的人，一例都算他为地方民，不管他们的意思如何，对于地方的权力，都是要服从的。例如：甲市对于居住在甲市内的人，一例都认他为甲市的市民。甲市对于市民，既赋以一定的权利，同时并课以一定的义务。所谓一定的义务，就是甲市的权力之行使，凡甲市内的市民都是要服从的意思。

在一般，对于住民的规定，不外下之四点：（一）在市内有住所的；（二）在市内具有生活之根据的；（三）在市内虽无住所，但已寄寓几个月以上，对于市已发生纳税义务的；（四）虽非住民或无居住（或寄寓）的事实，但在市内握有土地、家屋、物件，或设营业所以为营业的。这四点具有其一者，皆认为市的住民，而使之服从市的权力。所谓权力，就是使其负担一定的纳税义务。要之，地方团体本以地域为其构成要素，所以对于地域得握有绝对的支配权。这是其第一的特质。

第二，地方团体是依法律规定的，倘非据自法律所委任之行政行为，无论如何都不得把其区域随意变更，这也算是一个特质。因为地方团体是以一定的地域为其权利的客体，在现代的法律思想之下，非依法律不能把这种人格者的权利之内容变更、消减或增加，乃是当然的。又，地方团体的区域，无论何种行政行为（即行政机关的命令）都不得把它变更的。但法律有“即以行政行为亦可变更”之委任的时候，行政机关方得依此委任的范围，照着行政行为办理，这是其第二的特质。

四、关于地方团体之一般的概念

关于地方团体之一般的概念，大约可分四点说明：

第一，是地方团体之设立和消灭问题。地方团体是以地域为基础，而其地域则为权利的客体，所以非依法律或法律所委任之行政行为不能变更其区域；这在前面已经说过了。因为这样，所以设立地方团体，自应以“非据法律不可”为原则。其理由：凡予法律上的人格以权利义务之主体的，非依法律不可，这是法治主义的根本所在。但常常依着法律，未免过于麻烦，所以在特别的情形之下，依着法律的“授权”，可由行政行为而行的。又，地方团体之消灭，也是和上列的情形一样，非依国家自身的意思不可。私法人可依着自己的意思自由解散，地方团体则不能依着自己的自由意思而解散。即地方团体非依国家的意思，不得设立或消灭。

第二，是地方团体的权能。地方团体的权能，是以法律赋予的，这在前面也说过了。在这种方法里，有以“各个的”法律而为“个别的”之赋予的和以“一个的”法律为“概括的”之赋予的之二种。这二种方法，大约以后者那种方法——即以一个的法律为概括的之赋

予——为较适宜。在后者那种方法里，有二种的区别：其一，称做固有事务。即团体存在之本来的目的之事务，如电气、瓦斯、水道等之经营及助长产业之设施等种类的事务是。其二，称做委任事务，即以法律或命令委给地方团体办理之国政事务及其他之他种团体的事务，如小学校及中学校之创设的事务是。地方团体办理这些固有事务和委任事务的权能，都是由国家以法律为概括的之赋予的。

第三，是关于地方团体的机关问题。地方团体之主要的机关，为“意思机关”和“理事机关”。意思机关，具有决定地方团体的意思之权能，如市会、县会之类的议会是。它是合议制的，是由团体所选举之议员（或代表）组织而成的。理事机关，是执行地方团体的意思之机关，如市长、县长之类是。所谓市长，就是市之最高理事机关，县长就是县之最高理事机关，至其补助机关，则设有各局及其他补助人员等。

第四，是对于地方团体之国家的监督。我在前面不是说过服从国家之特别的监督，乃是公共团体的特色罢！这在地方团体上，也是共通的原则。按国家对于地方团体所施的监督，计有二个种类。第一，是事前监督；第二，是事后监督。但无论行使事前监督也好，行使事后监督也好，均应以法律详为规定才对。为甚么呢？因为对于地方团体的监督，乃是对于人格者为行为之限制；即对于人格者负担责任，或限制其权利；这在现代法治主义之下，自非根据法律不可的。

第二章　地方团体的构成

无论在甚么时候和甚么地方，个人之不能孤立生存，这是谁都不能否认的。因为这样，所以在自然状态的时候，虽没有国家以行公同的政治，没有社会以谋公同的利益，没有家族以图公共的生活，但所谓个人者，纵甚愚蠢，亦知结合其他个人在一起，或与天争，或与兽争。这虽是人类的天性使然，其实也是个人不能孤立生存之一个明证。

惟其因为个人不能孤立生存，所以就有个人和个人无形之结合。像这种个人和个人无形之结合，以现代语说来就是团体。所谓国家，原不是全无组织的个人之集合，实为复杂的小共同团体之构成。所谓小共同团体，其中有以各个人欲达其私之目的而互相结合的。当这个时候，该共同团体的目的，是否能够达于国家之公共的目的，自不可知。不过，各种公共团体中，其目的有是关于各个人之私的利害的，有是关于各个人之私的利害之外，并涉及于国家之公的利害的。其关于国家之公的利害，在该公共团体倘能达到，虽说是达到公共团体之本身的目的，其实也就是达到国家的目的，其理不说自明。

当人类原始的时候，因为感于个人不能孤立生存，所以才有个人和个人结合体之成立。但在那个时候，该

结合体的目的，莫非像前面所说，在谋合力抵抗天灾、兽祸，以保各个人的生存而已。到了后来，人类的个性渐渐发展，而结合体之组织范围，亦因之扩大。惟其目的，究竟和国家的目的不同。盖因它的目的是消极的，国家的目的是积极的。有人称国家为人类精神结合的社会，同时，并为满足人民需要及幸福而设之一个工具，就是这个原因。

惟是，国家的目的，既如上言，而国家的事务之利害，有是关于国家之全部的，有只限于国家内之一部分之共同团体的，所以国家之欲达其目的，倘不问其为全部或一部，必一一依其自己之机关自行处理，自非得策。在这里，国家的事务之利害之所及，假使只在一部分的范围，则与其由国家自行设施，倒不如使各该团体，依其一己之独立意思而自行措置。其力有未逮的，则由国家补助，又其和国家之利害相反的，则由国家制止。如是，既适合于该团体本身之目的，又适合于国家的目的。

在各种共同团体中，以国家之公的目的为其一已存在之目的的，是为地方团体。地方团体于国家监督之下，设施一切事务，是为自治行政，这在前面已经说过了。但是，从前的地方团体之构成，本是出自天然的结合，现在的地方团体之构成，乃是本自国家的意思，这又是不同的地方。

现在我们国家的地方自治组织，按之国民政府《建国大纲》，是以县为单位。县自治团体是以县所属之区乡镇为地方自治体组织上之基础的团体，而地方自治的构成，则以区乡镇为根干而构成的。至于省，则“立于中央与县之间以收联络之效”（见《建国大纲》），省长虽系国民代表会所选举，但只为本省自治之监督；至于该省内之国家行政，则省长须受中央之指挥，是其性质与一般的自治体又略有不同。所以所谓完全的自治团体者，不得不说是县及其所属之区乡镇而已。

明白了这一点，那末就可以跟着把地方自治体的自治行政之内容提出，分析解说一下。

第一节　地方团体的区域

第一款　地方团体的区域之性质

一、因为地方自治体是地域团体，所以一定的区域，乃是构成地方自治体之最重要的要素。但按各国的这种区域，多是地方团体的区域，同时又是国家的行政区划。至于我们中国，按之《建国大纲》所规定，“得选举县长以执行一县之政事，得选举议员以议立一县之法律”（第八条），可见将来无论行政与立法，均是由人民自选代表办理，除只有省长为自治之监督外，所有地方事务，国家绝对不加以干涉，这实是我们国家行政组织之一个特色。

二、因为地方自治体是绝对的在该自治体地域内行使自治权，所以其他自治体不得在本自治体的区域内行使自治权。譬如甲县对于乙县的住民课税的事，是不可能的。惟乙县的人在甲县有营业并设营业所的，则甲县照例可以课税。倘无这些事实，地方团体对于其他地方团体的住民课税，或对其他地方团体的区域内之土地、家屋、物件等课税，都是不行的。但在这里起了一个疑问，就是营造物管理权和自治权的关系。例如乙县经营公共汽车，该公共汽车，不独只在乙县的区域内行使，或延长其线路于乙县的区域之外，以至甲县之地域的，是很多。又如乙县的运动场其跨入他县之地域的，也是常有。像这样，即自治体设施营造物于其他自治体的区域内，在法律上可否认为正当，自要起了疑问。不过究其实，这些乃是营造物管理行为，原和营造物之经营而课税的不同，所以该自治体不必一定要具有独占的权限之性质。即营造物的管理，其不侵害其他自治体的自治权，在该自治体的地域内是可以施行的。并且即在实际上想来，近来跟着大都市的发达，或是水道的水源地设在其他自治体的地域内，或是公园、墓地、病院以及各种社会事业设施等，非设于其他地方团体之地域内不可的，往往而有。是在都市的地域内，其必须把一切的设施全部包括在内，乃是必然的。由这些关系看来，营造物的管理，对于不侵害其他地方自治体的自治权而行使的事，并不是不能容认的。于此，对于地方自治体在其地域内，行其排他的权能之一点，是要特别加以慎重。

三、县的区域是用怎么样的方法表示出来呢？这个问题，原是关于县制之制定的法律问题。但县的区域大半都是“以其现在固有之区域为准——包括固有的乡镇及岛屿”。所以与其谓县有县自身所特有之区域，不如谓县是具有乡镇相集而成的观念。至于把岛屿加入的趣旨：因为有的地方虽是岛地而没有乡镇的区域，但却成为县之区域的。

四、说到地方自治体的区域，是否同国家的领土那样，把一切地方自治体的区域都统括在内呢？又在编制法上，是否按着各县的户口及地形分划为若干区，于区之下设乡镇，并其划区和设乡镇的主旨怎么样？这都是要研究的。又，我们国家的领土，是否包括有区乡镇及县的部分，换句话，就是国际法国家之领域的领海，是否为地方自治体的区域，也是不可不加以研究的。因为从来有以领海为地方自治体之区域的，有不以领海为地方自治体之区域的。不过，一般在实际上，对于地上权的海面之渔业，是课以县税的。譬如裁判所构成法内，关于裁判所的管辖区域之规定，又如渔业法内，关于渔业的取缔之规定等，差不多都是以领海为县的区域而规定的。因此，对于“所属地”及“未定地”之编入县的区域之手续，是要弄得明白，即须有精确的规定。譬如在海岸创立“填筑地”的时候，假使这块领海是甲县的区域，则这块“填筑地”当然应属甲县的。如是，则甲县对于渔业，其课以渔业税的，乃是行使其财政权，毫无疑义。换句话，甲县既可行使财政权，则该海面自属甲县的区域。因此，编入“所属地”及“未定地”时，毕竟以该海面之向来的财政权谁属为标准，以为“所属不明地之所属的问题”之解决，较为适当。

第二款　地方团体的区域之变动

地方自治团体的区域，虽是依着固有的区域，但并不是绝对不能变动的。不过，此种变动，须以法律所规定的方法而行。

第一项　区域变动的种类

一、在区域之变动的种类里，有废置分合和境界变更之种种的情形。兹分别说明于下：

废置分合云者，是指新自治体之设置、旧自治体之消灭的情形而言。境界变更云者，是指自治体依旧像从前那样而存在，不过将其区域弄大一点或弄小一点的情形而言。例如甲乡和乙乡合并作为丙乡，或把甲乡分开，作为新的乙乡与丙乡，这一类的情形就是废置分合。又，如将某乡合并于他乡并把所合并之乡废止之类都是。所谓境界变更，如割甲乡之一部编入乙乡之类便是。因此，自治体之地域的境界变更和废置分合往往互相竞合。譬如某市把数十个村编入建设个大市。在这种情形之下，由数十个村方面看来，是村的废止；而由市方面看来，则是一个境界变更。

二、其次，非把区乡镇的废置分合境界变更和县的区域之关系，拿来考察一下不可。即县的区域假为“包括区乡镇及岛屿”，则县的区域是由区乡镇与岛屿而成立的。在这里，县与县之涉于境界，如区乡镇有废置分合境界变更的时候，则县的区域也自要随之变更的。例如甲县与乙县境界相接，甲县区域内之乡和乙县区域内之乡变更境界，而乙县的乡之一部被编入甲县的乡，则县的境界自然也因之而变更，即甲县的区域变成广大了。可是，涉于县之境界，如把从前的镇废止而造成涉及其境界之新镇的时候，该新镇究属于那一县的区域呢？这是不能以行政处分而决定的。因为这个缘故，所以在这种情形之下，非依法律断不能把县的境界任意加以变更。

第二项　区域变更的方法

一、县的境界非依法律不得变更，但区乡镇之废置分合境界变更则依区乡镇制之委任，凭着省长会同内政部长及县长之行政处分，便得施行。原来法人的地方自治体之区域，是自治体自身的权利之客体，所以把它变更或使自治体的本身消灭的事，非依法律不可。但为充足其法律上之必要计，在区乡镇制上，设有委给行政机关的处分之规定的。

二、废置分合的处分：区是由省长咨请内政部长执行，乡镇是由县长执行的，至于境界变更的处分，则区乡镇统由县长执行的。但其处分倘全置原区乡镇的意思于不顾，则于自治团体之性质上实为不当，所以无论是何种情形，均须征求“关系区乡镇”会的意见才行。又，内政部长执行处分，应容纳县会的意见。县长执行处分，须经县会的议决，且非得省长会同内政部长的许可不可。在这里，有和以上的手续关联的话，略行提出一说。

第一，是征求有关系的区乡镇之意见的意义。区乡镇之废置分合境界变更，须征有关系的区乡镇会之意见。但区之废置分合的情形，须征求区会的意见，而乡镇之境界变更的情形，则非经其议决不可。又，乡镇之境界变更案，倘被乡镇会否决，县长便不得执行。

第二，区的境界变更并乡镇的废置分合及境界变更，同时以县长之处分而行的，但县长之处分须得省长会同内政部长之许可。这种省长会同内政部的许可，是绝对的要件；倘不经许可而行处分的，就是违法的行为。

第三，区乡镇之废置分合境界变更，虽成为县长所行的事，惟区乡镇之废置分合境界变更，倘跟着设置区的时候，则须依照关于区之设置的规定。譬如把甲县之某数个乡合并，作为某区，像这种情形的乡之废置分合，可由县长处分，但若跟着设置一个区，则应将一切的处分，依照省长会同内政部长的处分办理。又，如把乙乡改为乙区，由乙乡之废置上看来，固可由县长处分，倘自乙区之新设置上看来，则非由省长会同内政部长施行不可。

又，关于所属未定地编入区乡镇的区域之处分，是和区乡镇之废置分合境界变更完全用同一的手续。即先由县长征求有关系之区乡镇会的意见，经县会之议决，并得省长会同内政部长之许可而行的。

三、在区乡镇之废置分合境界变更的时候，区乡镇内所有的财产，是要随之处分的。其处分的方法和区乡镇之境界变更同一手续。即先征求有关系的区乡镇会之意见，经县会的议决，再由县长规定的。所谓财产，就是公所或公所的地基之类，又有所谓公用财产者，即指区乡镇之山林、原野，以及租借宅地之类的收益财产而言，惟依着预算所征收的县税、使用费，和其他岁入的现金这些并不包括在前之所谓财产的项目之内，这乃作为事务继承，由前区乡镇长继承给新区乡镇长的。因此，在区乡镇的境界之变更的时候，所已征收的税款是存在金库中，其继承给新的区乡镇的时候，不必以县会的议决，交由县长处分。盖所谓事务继承，乃是照样继承的。又，倘有尚未征收区乡镇税的情形，则照未征收的原样，作为事务继承，一直继承过去便行。

四、可是，县的区域如何变更呢？大凡县的区域之变更，是以依据法律为原则。不过，在这里，有一个例外，就是前面所说：涉及县的境界，而区乡镇有废置分合境界变更的时候，则县的境界也自要随之变更之一点。县之废置分合境界变更的财产处分，是依有关系的县会及区乡镇会的意思，由省长会同内政部长决定的。

第三项　事务

区乡镇有了废置分合境界变更的情形，其以前所有区乡镇的事务怎么样的继承给新区乡镇呢？这个问题是极麻烦的，现在只把其中重要的一二点提出一说：

第一是预算。新区乡镇的预算非由新区乡镇编制不可。惟在当初的时候，是没有区乡镇会的，所以至新区乡镇会成立预算编成止，新任的区乡镇长之临时代理者及职务掌管者应自行编制预算，得县长之许可而执行的。又，旧区乡镇的预算，截至其废置分合之时止，把该决算交给前任区乡镇长。

第二，当县有废置分合境界变更的情形。其一切事务，须规定为其处分之法律及委任命令。

第二节　地方团体的住民

地方自治体之人的构成要素，是为人民。这一点，无论区乡镇也好，县也好，都是没有甚么区别的。但法

律关于人的构成要素之地方团体的人民，并未设有一般的规定。因此，在制度上，关于自治体的人民之一般的问题，没有甚么可说。只是在区乡镇制上，关于人的构成要素之人民中之有特殊地位的，设有相当的规定，所以关于这一点，应提出一说。

一、依着一般的区乡镇制之规定，在区乡镇内有住所的人，是为区乡镇的住民。住民云者，和民法内所规定之“住所”同义，即是各人的生活之根据。所谓生活之根据，要不过是指人的全生活之中心点而言。因此，凡是区乡镇的住民，其人自有以区乡镇为其生活之中心点而活动之必要。譬如在苏州得病而入上海病院，虽住院多月，但其人的生活之根据仍在苏州，所以该病人不算是上海市的住民。又，由各地到上海求学的学生，他们虽在上海寄寓二年三年，但其生活的中心，仍在其乡里，所以在地方制度上，也不得称为上海市的住民。此外，如军队里的兵士，其生活的中心地不在军队，仍在乡里，因此，军队的所在地并不算为其人的住所。不过，为区乡镇住民的，要否国家的行为这一点，自也是一个问题。要之，只要有其生活的根据，便为当然的区乡镇之住民。在这里，尚要说的：凡宪法对于国家的人民，都是保障其居住之自由的，所以无论到何处居住，皆无妨碍。因此，区乡镇对于某人不得强其为住民；又，同时，亦不得拒绝其居住。不过，在一面，倘有在某镇具有住所的，则某镇因为握有地域内之领土的支配权之结果，对于此种具有住所之事实的人，当然把其作为住民而得施行其支配权的。

二、区乡镇住民对于区乡镇，具有怎么样的权利及负怎么样的义务呢？大凡区乡镇制上应定有“区乡镇住民有共用区乡镇的财产及营造物之权利，并负分任区乡镇的负担之义务”。即，所谓权利是为财产和营造物之共用权；所谓义务是为负担分任之义务。不过，这种共用权，并非只有区乡镇住民才有的意味。例如镇营的电车，就是镇以外的人，本来也是可以乘坐的，而所谓区乡镇住民有共用营造物财产之权利的，莫非是区乡镇对于住民要共用此种财产的时候，不得拒绝的意味之“权利”。其次说到义务，区乡镇的住民，是负有负担区乡镇税之义务的，但负纳税义务的不独是住民，如在区乡镇内有营业所者，有土地、家屋等者，或于区乡镇内具有特殊之行为者，所谓营业所、土地、家屋或特殊行为原都可作为课税客体，而课以区乡镇税的。至于住民，虽无土地、家屋、物件等，但以其系住民之故，当然也是非分任当然的程度之负担不可。所谓义务，就是在这种意味上，对于区乡镇而负负担分任之“义务”。

于以上的法定权利义务之外，凡为区乡镇住民的，还要为其他之一个重要的法律上之地位的基础。即为区乡镇住民的，便是区乡镇公民权的基础。

第三节　地方团体的公民

第一款　公民的意义及渊源

一、关于公民自治之运用之最基本的机关，为“区乡镇公民”。本来从公民自治的理想说来，该区乡镇住民之全部，虽应参画自治活动，但因自治也是一种行政，所以对其非存有运用于适当而圆满之一种顾念不可。即在关系上，对于真纯的理想，加以多少的润色，这原是不得已的。在这种意味里，将来的区乡镇必须使具区乡镇住民中之一定的资格要件，换句话，就是须自治的知识有相当的发达，而具有参与公务之适当的资格者，始认为“区乡镇公民”。因为这种公民，实为自治之基础的机关的缘故。

二、地方团体的“公民”之观念，并不是固有的思想。区乡镇自治，即在区制乡镇制未制定以前，原是以传统的形式相传而来的，这自不是像依区制乡镇制所容认那种有统制的自治生活。因此，在区乡镇制未制定以前，所谓区乡镇公民的思想，并没有明确地存在着。今以革命的区乡镇制为则，把从前所有区乡镇之有名无实的自治制度推翻，重新制出一种新的区制乡镇制，在这个当儿所容认的观念，便是这里所说的公民之观念。因此，要知公民的观念之渊源，自先要明白“革命民权”的特质。

从前欧美各国的革命，他们因为要争个人的平等自由，所以要主张“天赋人权”。他们的用意，是以人类的平等自由本自天生的，大家应该去争回来的，不应该随便被人剥夺的。他们这种主张，是很合当时民众的口味，所以力量很大，而收效也很快。

但是我们现在所求的，是国家自由。我们的目标比他们远大；假使我们也主张天赋人权，岂不是等到我们革命军取到政权之后，人人都要根据天赋人权的口头禅，来享受天然的权利么？在一般纯良的民众，给他们享受这种权利，原是没有甚么问题。可是，万一像那一般“臭官僚”“恶军阀”也同时溜入我们革命政府里，运用他们所专长之卖国殃民的手腕，做起军阀的内应和帝国主义者的奸细来，那我们革命民众尚有噍类么？我们的自由之目的，尚能达到么？

因为顾虑到这一层，所以我们革命要主张“革命民权”。

至于革命民权的性质，本和天赋人权的性质完全不同。天赋人权是说人人都应该有“人权”的；革命民权是说，中华民国的“民权”，只有中华民国的国民才能享受。凡有反对中华民国或是效忠于帝国主义者，无论其为个人或团体，一概不能享受。在《中国国民党第一次全国代表大会宣言》里，关于此权——革命民权，有很详细的叙述，如下：

“国民党之民权主义，与夫所谓天赋人权者殊科；而惟求所以适合于现在中国革命之需要。盖民国之民权，惟民国之国民乃能享之；必不轻授此权于反对民国之人，使得借以破坏民国。详言之：则凡真正反对帝国主义之个人及团体，均得享有一切自由及权利；而凡卖国罔民以效忠于帝国主义及军阀者，无论其为团体或个人，皆不得享有此等自由及权利。”

这是革命民权的特质，至于获得此种权利的方法怎么样呢？且聆总理的训示：

“凡归顺之官吏，新进之国民，必当对于民国为正心诚意之宣誓，以表示其拥护民国，扶植民权，励进民生，必照行其宣誓之典礼者，乃得享民国之权利。”（见《孙文学说》第六讲）

“凡失去国民之资格者，就是失去主人之资格。

此等游惰之流氓，就是国家人群之蟊贼；政府必当执行法律以强迫之，必使此等流氓渐变为神圣之劳工，得以同享国民之权利……”（见《民生主义》第四讲）

在这里，我们对于公民权之取得方法，应分为二点说明：第一，凡是新进的国民，只要照行宣誓的典礼，便得享受民国的权利；第二，凡失去国民的资格者，只要能够悔悟，服从民国，而行诚意的宣誓之典礼者，亦得享受民国的权利。

此外尚有应行附带加以说明的，就是训政时期的“党权”。

甚么是党权？这也有澈底明白之必要。

中国国民党革命的目的，是在图中国国家之自由，所以于革命民权的原质里，都要有促成中国国家之自由的分子才能融合进去。凡是破坏中国国家之自由的分子，就是反对民国之人，不但不能融合进去，并且还要把这种绝对不能相融的分子，设法消灭了他，而后这个纯粹的“民权”才不至发生沉淀。

总理说：“我们知道民权不是天生的，是人造成的；我们应当造成民权交到人民……”可见民权是中国国民党去造成的。造成了之后，还是要交到人民的。

现在中国国民党既已向帝制军阀手中夺回政权，是无异中国国民党已经把民权造成了。中国国民党既造成了民权，为防破坏中国国家之自由的分子溜入，以致破坏革命的目的起见，所以特主张革命民权，不肯轻授此权于他们——反对民国之人，这是理之当然的。但是为甚么对于新进的中国人民，必须经过训政时期，而后才把所造成之民权交付呢？

这一个疑问，是很容易答复的。

我在前面不是说过中国国民党之革命的目的，是在图中国国家之自由么。要想达到这个目的，必定先要把革命的障碍物——反对民国之人，袪除净尽，而后方好着手。像我们中国的人民，受了数千年专制的余毒，差不多对于政治的意识和经验，两感缺乏。假使骤然界以政权，不但没有运用的可能，其势必致复为破坏中国国家之自由的分子所劫持以去。倘如是，试问我们革命为些甚么？过去所牺牲之一切生命、财产、精神，其代价何若？

因为这个原因，所以不得不暂时将政权付托于中国国民党之最高权力机关，一面由其训练我们民众，俾达行使政权之目的。等到中国人民能够拥护中国国民党，誓行三民主义，接受四个政权之训练，努力地方自治之完成，而后再由中国国民党将此“暂存”之中华民国国民权利，一起交还。

当中国国民党造成民权以后，未交到中国人民以前，在这中间所有的那个权就是叫做“党权”。所谓“党权高于一切”者，就是因为民权本来是高于一切，现在民权既暂存在党，那自然党权要高于一切了。

还有一点，所谓党权者，乃是党的权，并不是党员的权。倘以党权高于一切，而认党员亦高于一切，那就大错了。

兹为明示公民的渊源起见，特列图于下：

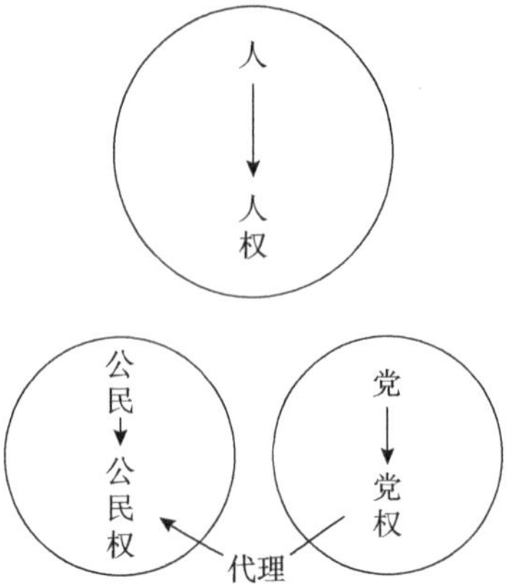

人→人权

公民→公民权　　党→党权

代理

自然社会——人权——理论的——假说固有的{无实力保障 / 不为舆论公认}

中国国民党——党权——主义的——临时制定的{有实力保障 / 为舆论公认}

代理

国家——民权——法律的——制定的{有实力保障 / 为舆论公认}

看了上列各图及说明，对于公民及公民权的渊源，可以明白了。

第二款　公民的要件

不过，为区乡镇之公民的，应具有如何资格的要件呢？关于这个问题可分为二点：（一）积极的要件，即为公民的绝不可或缺之要件；（二）消极的要件，换句话，即为公民的万不可或缺之要件。兹先说积极要件，次再说消极要件。

第一项　公民的积极要件

关于公民的积极要件，各国有各国的规定。有规定得严的，有规定得宽的，不能一概而论。至于我们中国之公民积极要件，据我的意思，不外三点：（一）中华民国国民——凡依法律规定，属中华民国国籍，对于中华民国为正心诚意之宣誓，以表示其拥护民国，扶植民权，励进民生，必照行其宣誓之典礼者，乃得为中华民国国民；（二）年满二十岁之男女——中华民国国民于法律上、经济上、教育上、社会上，无论男女、种族、阶级之别，均为平等；（三）在本区乡镇区域内居住一年或有住所达二年以上者。兹就这三点，略为说明于下：

第一，对于中华民国国民的观念，在（一）点下已注得很明白，自没有别的可说。不过，凡失去中华民国国民的资格者，就是失去主人的资格。像这些游惰的流氓，就是国家人群的蠡贼，政府自应设法使这些流氓渐变为神圣的劳工，俾得同享中华民国的权利。

第二，年龄是要满二十岁的。这种年龄的计算，自然是从出生之日起算，以日计算的。所谓区乡镇的公民者，于四个政权的选举权之中，不但具有参与选举之权，且有被选举为区乡镇的名誉职之权利。因为为名誉职的，须负担任名誉职的义务（即以区乡镇之名誉职的名义，直接办理自治事务），所以非有相当的思虑成熟之年龄的男女，不能担当。这也是各国对于公民的年龄必加限制之一个重大的理由。但其限制，各有不同：如英法等为二十一岁，普奥为二十岁，瑞典、挪威等北欧诸国为二十三岁，荷兰为二十五岁，日本为二十五岁以上。我们所采的似以满二十岁为宜，盖因为跟着时势的变迁，及政治智识的发达，公民的年龄也要逐渐随之低下的缘故。

第三，是在本区乡镇区域内非居住一年不可的条件。按公民权的要件，是在住所之限制。盖因区乡镇重在邻保的团结，其在本区乡镇没有一定期间之住所的人，他与该团体没有相当之密切关系，一旦使之参与公务，未免抱着（痛痒无关）的观念，本自这种观念，所以有限制之必要。又，在地方自治体上，最有意义最有价值的，是在以团体民相互间的邻接之意识（即共通的欲求之意识）为基础，将其相互连带的感情，去管理地方之一切的劳务之一点。惟其因为多以团体民间之连带的感情为实现的问题，所以对于地域的住民之定着性（即住所的所在）自要特别加以容认。此外，尚有一个问题，就是居住的时间之如何限制的问题。按现状下之一般社会生活，尤其经济生活日益变迁，共通的活动之范围乃因之日益扩充；同时，各种交通机关渐次发达，一切人口之异动，顿趋频繁，这于住所限制的问题都是有关联的，所以对于居住的期间之限制，似不宜太严，据我的意思，当以一年之居住，较为适宜。

至于各国所行之“纳税资格”和“独立生计”之二个观念，我们自不能适用。其理由，关于前者，因为从区乡镇的状况说来，区乡镇并不是单以税务为工作的；且无论男女于经济上，原都是平等，倘必以有纳税资格的住民始赋以公民权，则明明予纳税者以关于区乡镇行政之特殊的权利，这在理论上自非正当；同时，公民权的作用，是在地方自治，其关于区乡镇行政，感有利害相关的住民，倘以无纳税资格而不得参与，这在自治精神上亦说不可通。加以今日之经济状况，无纳税资格的正多，倘以税纳者为表征政治能力的标准，则势必至弄成大多数的住民均无政治能力，这在全民政治的性质上，更说不过去。有此种种理由，所以不能不把这种资格撤废。关于后者，因为所谓独立生计者，是指能够独立维持自己生活的人（即具有经济的独立性之人）而言。可是，所谓公民权者，乃是参政能力的问题，其和经济上之能力的问题，判然不同，所以以经济的能力去判断参政能力，自极不合理。

最后，应附带说明的，即区乡镇遇着境界变更或废置分合的情形发生之住民居所的年限问题。例如乙乡合并于甲乡，或乙乡之一部编入甲乡的时候，该地域内的住民住所之年限，并不是自新乡成立之日起从新计算年限的，乃是把从前一切的期间统算在内的，这一点应加注意！

第二项　公民的消极要件

所谓公民的消极要件者，是指不得为公民的事由（即缺格事由）及纵为公民而被停止公民权的事由之二种事由之总称而言。

A. 缺格事由

缺格事由，可分为精神的事由和社会的事由二点说明：

一、精神的事由。是以本人之精神的缺陷为事由而成缺格者的——就是禁治产者。所谓禁治产者，即民法上所称之禁治产者，是指丧失心神之常状而言。但在这里，须自裁判的宣告确定之时起，才可认作区乡镇制上

之公民权缺格者的禁治产者解释。为甚么禁治产者不能为公民呢？这因为在民法上是为无能力者，其在私法上之一切法律行为皆须由法定代理人代理，倘对这种人认为具有公法上之行为能力（即行使四个政权的能力）自是不适当的原因。

二、社会的事由。是以本人之公权已被褫夺，尚未复权为事由而成缺格者的。褫夺公权者即褫下列之资格：（1）为公务员的资格；（2）依法律所定之中央及地方选举人及被选举人的资格；（3）入军籍的资格；（4）公立学校教职员的资格；（5）为律师的资格。又，褫夺公权是有期及无期二种。所谓有期褫夺公权，就是仅于所定期间内褫夺其资格。所谓无期褫夺公权者，就是终身褫夺其资格。其次，说到尚未复权，先要明白复权是甚么。按复权即被褫夺公权之人，因褫夺公权之期间已满，或受大赦、特赦，而回复其上列各种资格者。反之，即是尚未复权。此种褫夺公权尚未复权之人，均算是缺格者。至于那一种人应该褫夺公权，又无期褫夺（即终生缺格者）是否合理，这是将来立法的问题，不在本书研究范围，故不加讨论。

B. 公民权停止事由

公民权之停止和公民权之丧失不同。公民权之停止，是指纵为公民，但对其公民权之内容的权利不得行使的而言。至于公民权之丧失，则是与此相反，就是凡失却公民权的，便不得为公民。因此，公民权停止和公民权丧失，在实质的内容看来，其完全相异的地方，可以明白。本来公民的内容是在参与四个政权，且有担任区乡镇的名誉职之权利，并负义务的之一点上面。即公民既享权利，则应负义务。假使公民于当选名誉职的时候，并无疾病或不能执行公务或年老不能工作之类的原因，又无其他为区乡镇所认为正当的理由，而辞去名誉职，或辞去其当选，或即就名誉职而不执行名誉职的职务之各种情形，在制裁上，是可以停止其公民权的。

此外，尚有原是公民，亦未受有公民权之停止，但不得参与区乡镇的事务之一种例外的事由——这就是指军队生活者而言。所谓军队生活者，是对正在军队生活之人而说的。第一，是现役中的陆海航空军人，至于预备、后备、退役等的军人并不在内。又纵是现役军人但不在队伍里，像这些军人实未享受实际军队生活，所以也要除外。譬如征兵，原定有入队的日期，当其被征而未入队的中间，虽未入队，但其身分已算是现役军人。可是，在这个已被征未入队的中间之期间，还是仍旧过其普通的生活，所以虽具有现役军人的身分，但不禁止其参与公务。又，归休的兵士，原和普通的人过一样的生活，故虽具有现役军人的身分，但亦不得禁止其参与公务。第二，当战时事变的时候，所有召集中的人，也是过其军队生活，所以禁止其参与公务。第三，依着志愿被编入国民军的人（即一朝有事所有退役之海陆航空将校等被编入国民军的），也是过其军队生活，所以亦禁止其参与公务。像这些，都是为着军队生活上的军纪律所关，倘许其参与政治，则于军纪保持上殊有不便，所以有禁止参与区乡镇的公务之规定。

不过，以上所说乃是照着一般的情形而言；至于我们中国将来的兵役法如何规定，尚不可知，加以五权宪法内不免必有“中华民国国民依法律有服兵役之义务”这一条，是我国民个个都要经过军队生活，不言而喻。不过对于禁止现役军人参与公务这一层，或是撤废，或是另行规定，在这里，殊难推测，所以未便加以断定。

第三款　公民的权利

在区制乡镇制上，所赋与区乡镇公民的权利，计有四个：（一）行使区乡镇的选举（suffrage）之权，即选举区乡镇长（副区乡镇长）、监察委员以及其他委员（如调解委员等）的权利；（二）行使区乡镇的罢免（recall）之权，即罢免区乡镇长（副区乡镇长）、监察委员以及其他委员的权利；（三）行使区乡镇的创制（initiative）之权，即创制区乡镇自治公约及关于自治事项的权利；（四）行使区乡镇的复决（referendum）之权，即复决区乡镇自治公约及关于自治事项的权利。兹把这四个政权的内容及其运用的方法，分别说明于后。

第一项　选举权

关于选举的基本权，就是选举自治职员及被选举为自治职员的权利。换句话，就是选举权及被选举权。这二个权利，乃是关于选举的基本权。

地方自治办得良好与否，是要专看办理自治的人之才干能力如何以为定。办理自治的人，关系地方自治的前途，既是这么大，所以选举的时候，不可不格外加意。不但这样，就是被选举为自治人员的人，自然也是要格外出力，这才合选举和被选举的真意义。明白点说来：就是凡有选举权的人，于每次选举的时候，都应到场投票；又，被选举的人，不应放弃职务。

关于选举方面之一切的法律，是叫做“选举法”。选举法的范围很广，所谓选民的注册，选举票的格式，投票的方法和手续，选举诉讼的手续及其判决的方法等，都包括在其范围之内。选举法之良好与否，乃是自治前途的关键，所以在这里，首先要讨论的就是选举法。

在讨论选举法之前，不可不预先说明的，就是人民对于选举权的观念。在从前的时候，一般人们对于选举的事情，多半不欲过问。一因不明白政治和人民的关系，以为选举是没有甚么意义的；一因有许多政党野心家，从中包办选举，于是有势力的和有门路的就把选举看做一宗好买卖。上者可以得个官做，中者可以弄几个钱使，就是下者亦可以得几餐白食，因此无不抖起精神去做。却可怜那一班没有势力没有门路的无知民众，都做了他们的傀儡。

我们要明白，选举权不是别的，它既不是谋官弄钱觅食的途径，它也不是被威迫势胁之废时无报酬之一种强制的行为，它乃是人民一方面参与政治之一种的权利，又一方面为地方社会之福利而行使的义务。就是现在多数的政治学者，也都承认选举权是一种公共职务；换句话，就是选举权不尽含有权利的性质，并且同时含有义务的性质。为甚么要这样主张呢？因为地方的政治干得好，地方人民就得享其利，地方的政治干得不好，地方人民就要受其害，所以对于选举权之行使，必要亲

身出马，选那忠实会办事的人去干，才放得下心。否则，你放弃，我放弃，他也放弃，而不放弃的，又是前面所说的那一班坏蛋，那岂不大糟而特糟！具此理由，所以我们对于选举权的观念，应认为是一种公共职务。可是，这种观念要想把它输入低度的人民脑海中，是很不易，因此，近来乃有所谓强迫的选举（compulsory suffrage）制度之发明。这种强迫的选举，就是说：凡有选举权的人，一定都要到场投票；否则，便要剥夺他的公权或处以其他的惩罚之一种强制的方法。这种制度首先实行的要算是比国。一八九三年，比国宪法内曾有“凡初次放弃投票权，处罚一个到三个法郎罚金，连犯四次，剥夺选举与被选举权利”之规定。一九〇七年，西班牙亦以法律规定“凡二十五岁以上的合格选民，除法官与教士，或年满七十岁，或因事离开家乡的人民之外，其余均须到场投票，否则，将其姓名公布，或增加百分之二的赋税；如为官吏，则减少其百分之一的薪俸，倘屡次放弃，则永不准其在政府服务”。此外，如南美洲之阿根廷（一九一二年），以及捷克（一九二〇年）、罗马尼亚（一九二三年）各处法律，均有强迫的选举之规定。而捷克且规定“凡放弃选举权的人民，处以五千国币或从二十四小时到一个月的监禁”，可谓严重极了。不过，选举而出于强迫，原也不是正当的办法，并且转失却选举权之本来的意味。总要我们办理地方自治的人，能够把“选举权是一种公共职务”这个观念，输入人民的脑海，一面既可使他们享受权利，他一面复可使他们担负义务，而后于选举权之本身的价值，才能表示出来啊！

关于选举权之应有的观念，既如上述，现在请言选举法。本来四个政权中之选举权，和目下各国所行的选举权，殊多不同。四个政权中之选举权，是取普遍选举制（亦无性别），撤废以资产为标准的阶级选举（注一），它是平等的普遍的。又，对于被选人的资格，是规定得很严，凡非经过中央考试及格，均无被选人的资格（注二），这又是不同之点。兹将《乡镇坊自治职员选举法》之大要录出，而后再加以讨论：

（1）乡镇坊自治职员之选举，除《县组织法》、《乡镇自治施行法》及《市组织法》规定者外，均依本法之规定。

（2）本法称自治职员，谓下列各员：

乡长、副乡长及乡监察委员。

镇长、副镇长及镇监察委员。

坊长及坊监察委员。

（3）本法称候选人，谓依法有前条所列各自治职员候选资格者。

称当选人，谓前项候选人已足法定票数而当选为前条所列各自治职员者。

（4）本法称大会，谓《乡镇自治施行法》规定之乡民大会、镇民大会及《市组织法》规定之坊民大会。

（5）本法称公民，谓《乡镇自治施行法》规定之乡公民、镇公民及《市组织法》规定之市公民。

（6）自治职员选举日期，于大会之议事日程中定之，但因罢免而改选时，不在此限。

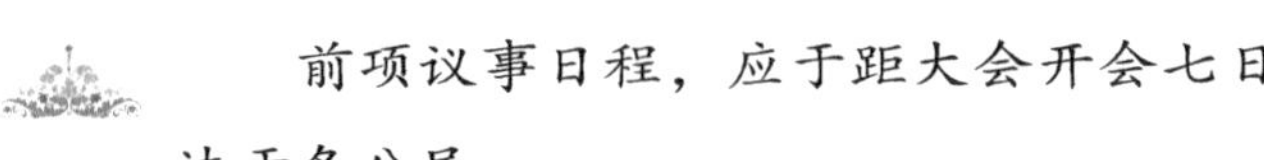

前项议事日程，应于距大会开会七日前公告，或送达于各公民。

（7）区公所应于选举前五日内，派定选举监理员一人，投票管理员、开票管理员各若干人，并呈报备案。本乡、本镇或本坊之公民，不得为前项监理员或管理员。

（8）选举监察员，指导并监督管理员办理投票、开票事宜。

（9）投票管理员之职务如下：

掌投票匦、投票纸及投票人名簿。

保持投票时之投票秩序。

（10）开票管理员之职务如下：

计算投票数目。

检查投票纸真伪。

决定投票之是否合法。

保持开票时之开票秩序。

保存选举票。

（11）大会议事日程送达前十五日内，乡公所、镇公所或坊公所，应将公民姓名公告于本公所门首。在公告后五日内，有遗漏或错误者，得由本人或关系人声请更正。

前项更正之声请，应取具凭证为之。

经更正之公民名册，应补造二份，一呈区公所，一由区公所呈县政府或市政府备案。

（12）经前条公告期满，乡公所、镇公所，或坊公所应按照公民名册造具投票人名簿，分别记载姓名、性别、年龄及居住所。

（13）凡年龄或居住期间至大会时届满而适合于公

民资格之规定者，得于公民姓名公告之前，举行公民宣誓而登记之。

（14）距大会开会十五日前，具有候选人资格而依《乡镇自治施行法》第十一条第二项（注三）或《市组织法》第四十八条（注四）之规定停止当选者，其停止当选之原因，已不存在时，得取具凭证声请免除停止当选之限制。

乡公所、镇公所或坊公所接受前项声请后，除公告外，应报由区公所转呈县政府或市政府核定之。

（15）自治职员之选举应依下列规定分次举行。

乡民大会先选举乡长，次乡监察委员。

镇民大会先选举镇长，次镇监察委员。

坊民大会先选举坊长，次坊监察委员。

前项第一款、第二款乡长、镇长之选举，以得票次多数者为副乡长或副镇长。

（16）投票纸及投票匭，应由区公所按照定式制成，于距大会开会七日前，发交乡公所、镇公所或坊公所。投票纸应记载所有候选人姓名，其名次先后以抽签定之。

（17）公民于选举日领取投票纸时，应先在投票人名簿所载本人姓名下签名。

（18）自治职员之选举，用无记名投票，按照应选出之名额，于候选人姓名上加圈。

前项应选出之名额，于《县组织法》第四十五条规定之加倍人数适用之。

（19）自治职员之选举，以得票比较多数者为当选。

（20）投票时，除关于投票方法得与大会主席选举监理员及投票管理员问答外，不得与他人接谈。

（21）公民投票，倘有冒替及其他违背法令情事，选举监理员得商请大会主席，令其退出。

（22）选举监理员于投票完毕后，应先令投票管理员退出，会同开票管理员开票，即日宣布投票结果。

（23）检票时应先将所投选举票总数与投票人名簿查对。

（24）凡已当选为自治职员之一种者，不得同时当选为其他自治职员。

（25）选举票有下列各款情事之一者作废：

所选举之人多于应选出之名额者。

不依式加圈，或夹写其他文字或符号者。

不用大会所发投票纸者。

（26）当选人非有下列理由之一者，不得辞退：

久病。

因职业上或学业上常须出外，或须长时间之旅行者。

年龄满七十岁者。

有其他正当理由，经区公所认可者。

（27）大会主席与自治职员当选人确定后，除公告外，应呈由区公所递报上级机关。

（28）选举有下列各款情事之一者无效：

投票人名簿所载公民姓名及投票纸所载候选人姓名因舞弊而牵涉全数人员经判决确定者。

办理选举违背法令经判决确定者。

选举无效时，应一律改选。

（29）当选人有下列各款情事之一者由次多数递补，无次多数时，应即补选。

辞退。

死亡。

候选人资格不合经判决确定者。

当选票数不实经判决确定者。

（30）公民遇有下列情事之一时，得于当选人确定公告后十日内向法院起诉：

确认大会主席选举监理员、投票管理员或开票管理员有舞弊或其他违背法令之行为者。

确认当选人资格或票数不实者。

确认本人所得票数应当选而未当选者。

（31）法院对于自治职员之选举诉讼，应先于其他诉讼事件审判之。

（注一）见《国民党政纲》对内政策第四条："实行普通选举制，废除以资格为标准之阶级选举。"

（注二）见《国民政府建国大纲》第十五条："凡候选及任命官员，无论中央与地方，皆须经中央考试铨定资格者乃可。"

（注三）《乡镇自治施行法》第十一条第二项条文如下："曾在中国国民党服务者。"

（注四）《市组织法》第四十八条条文如下："有下列情事之一者，虽具有第四十六条第一项（即候选公务员考试，或普通考试，高等考试及格者）各款所列资格，仍应停止当选：

一　现役军人或警察。

二　现任职官。

三　僧道及其他宗教师。”

本来选举权是由法律规定的，并不是先有选举权，而后才有选举法，所以对于：（一）怎么样的人才有选举权？（二）取得选举权的方法怎么样？（三）有了选举权有甚么作用？又，（四）怎么样的人才有被选举权？（五）无故可否放弃被选举权？（六）被选举权是否可谋而获？这些问题，要想明了，自非翻阅选举法不可！

关于（一）的，就是选举的资格。说到选举的资格，因国而异。有以“性别的”为限制的，但现在各国除日本、荷兰、西班牙、布加里[1]、南斯拉夫、葡萄牙、意大利和法国以外，差不多都已把此项限制撤废。如英国的女子，按一九一八年的选举制，凡年满三十岁（一九二八年的法律并减少为二十一岁）并有住屋一所，或其丈夫有住屋一所者，均有选举权。澳大利亚的女子，得参与国会选举，并得被选为议员。坎拿大[2]各邦的寡妇和未嫁的老小姐，可以参与学校区域选举和城市选举。芬兰的女子，凡年满二十五岁并纳极少数之税者，就有选举权。丹麦的女子，于一九一五年起已获得各种选举权。英国的女子，于一九一八年获得政权[3]。美国的女子，和男子一样均得参与中央与地方的选举。苏俄的女子，凡年满十八岁者便有选举权。德国的女子，凡年满二十岁者，就可参与国会选举。普鲁士的女子，可参与邦选举。捷克、波兰、奥国、罗马尼亚的女子，都有参政权。此外，如比利时的修正宪法规定：“凡阵亡

[1] 即保加利亚。
[2] 即加拿大。
[3] 疑为“参政权”。

兵士的寡妇或被仇敌杀死的人民之寡妇，或因政治目的被仇敌监禁的妇女，均得有选举权。”又，匈牙利的选举法（一九二五年）的规定：“凡自食其力的妇女，或年满三十岁并受过六年教育的妇女，均得有选举权。”有以“经济的”为限制的，但各国现在多已把此项资格取消。如法国到一八三〇年的时候，对于选举的资格，尚定有二百法郎的赋税；英国在一八三二年以前，选举资格是限于有年值四十先令之地产的地主；他如意大利、日本各国以前都是定有纳税资格的。可是，现在此项经济的限制，一起都与他们的人民“道声珍重，各自分别”了。有以“社会的”为限制的，如受国家慈善机关赡养的，准禁治产者，流丐等，均无选举权。而苏俄，且以明文规定：“凡雇用工人的雇主，或其进款非由本人之劳工而得到的（如商人、经纪人之类），都不得有选举权。”诚可谓别出一格之限制了。至于现在的我们中国，不但没有性别的、经济的、社会的之种种不平等的限制，并且就是不认得字的公民，也是有选举权（及被选举权）的（注一）。

（注一）上海县政府于民国二十年二月奉到江苏省政府民政厅训令云：“为令行事：案奉省政府第九四六号训令内开：案准江苏省党务整理委员会函开：案查人民团体中不识字之代表选举权问题，前经派员面向中央训谏部请示，当奉面加解释：以不识字代表，可由大会主席指定人员，秉承该代表意见，代为填写选举票，不能因其不善写字，而剥夺其选举权与被选举权。盖以我国目前情势而论，不识字民众达百分之八十以上，当此训政时期，施行民权训练，大部分不识字民众，自不可尽诸训练范围之外，更不得因其不识字，而不予以会内应得之权利。业经敝会前训练部训令各区人民

团体组织指导员知照在案。相应函达，即希查照，并转饬知照等由，除分行外，合行令仰该厅转饬所属，一体知照，此令，等因奉此，除分行外，合行令仰该县长即便转饬所属，一体知照，此令。”

关于（二）的，就是公民之登记。在这里，应注意的有二点：（1）选举事务所门首所公布之公民姓名，倘把本人的姓名遗漏或错误时，应即声请即为更正。（2）停止选举权的原因，已不存在时，应即声请免除停止选举权之限制。

关于（三）的，就是选举的对象之慎重选择。办理自治人员之和自治前途的效果之关系，在前面业已说过，所以对于自治人员之选举，是要慎重选个素所深知或信仰的人出来担当，断不宜以此为买卖或开玩笑之具，致一票之差，失之千里。美国总选之前车在望，凡我后乘，均应引以为鉴！（注一）

（注一）此次美国总选，归共和党胜利。关于其原因之研究，殊属可笑。《纽约自由杂志》曾向全国选民，征求投票心理；用统计方法，归纳其种种原因；又著名美国政论家法郎铿特❶氏，从经济上研究共和党原因，兹分述如下：

A.《自由杂志》的统计

（甲）为胡佛氏投票的理由：

（1）励行禁酒的缘故——五百四十五万八千九百二十票。

（2）因为不是天主教徒的缘故——八百二十六万一千九百二十一票。

（3）不戴茶褐色帽的缘故——二百六十万二百三十

❶ 今译作弗兰克·肯特。

二票。

（4）非东部人的缘故——二十五万零六票。

（5）性喜钓鱼的缘故——二十一万一百七十二票。

（6）精通国际事情的缘故——三十二万四百十票。

（7）身体肥大的缘故——十九万一百四十四票。

（8）其父是冶匠的缘故——十七万五千四百十一票。

（9）在白宫“鞠躬如也”的缘故——一百七十二万一百十一票。

（10）其鼻极短的缘故——十六万四千五百七十七票。

（11）办事诚谨的缘故——二十九万二千九百六十八票。

（12）采取新式饭菜的缘故——十四万四千四百四十六票。

（13）因为是著名政治家的缘故——四十五票。

（乙）为斯密士氏投票的理由：

（1）废止禁酒法的缘故——六百二十九万八千三百二十一票。

（2）是天主教徒的缘故——三百万一千二百六十二票。

（3）爱戴茶褐色帽的缘故——一百二十二万二千一百六十五票。

（4）不是西部地方人物的缘故——三十万六百七十七票。

（5）酷爱动物的缘故——三万九千五百八十二票。

（6）是纯粹美国人的缘故——十九万九千二百五十票。

（7）身体不胖的缘故——十八万五千五百五十五票。

（8）其父是车夫的缘故——十八万二千六百十票。

（9）其鼻甚长的缘故——十七万六千四百四十票。

（10）办事“泰然”的缘故——十二万八千四百七十九票。

（11）性喜古来食品的缘故——十一万九百五十二票。

（12）是著名政治家的缘故——三十二票。

由上述统记看来，美国人民于大选中，对于两党之财政、政治及外交等政策，并不注意，而徒注意于细事，这岂不是笑话奇谈罢！

B. 法郎铿特氏的意见

美国政论家法郎铿特（Frank Kent）著总选举观一文，论共和自由两党胜败之原因。其大意谓："美国政治中心力，厥在黄金。选举竞争，以金力多少，决其胜负。观于美国近代选举运动史，其理甚明。金力定律，既为过去美国政治之原则，此次选举亦受此定律之支配。此次共和党的选举运动，基金共计达于五百万金元，民主党则仅有四百万金元，此一百万金元之差，即决定两党得票数之多寡"云。

关于（四）的，就是候选人的资格。论到候选人的资格，本极平常，只要公民年满二十五岁（?）[1]非现役军人或警察，或现任官吏或憎道[2]及其他宗教师，而具有下列资格：（1）候选公务员考试、普通考试、高等考试及格者；（2）曾任中国国民党区党部执监委员或上级党部重要职员满一年者；（3）曾在国民政府统属之机关任委任官一年或荐任官以上者；（4）曾任小学以上教职员或在中学以上毕业者；（5）经自治训练及格者；（6）曾办地方公益事务著有成绩经地方团体呈请上级机关核定者；（7）曾任地方民代表会代表及地方理事机关首长或监察委员一年以上者之一者，都有自治职员的被选举权。

关于（五）的，就是担任地方的名誉职之义务。大凡担任名誉职的，是以在地方自治体和个人之间，能够

---

[1] 原文此处有"?"，后文多处如此，不再注明。

[2] 应为"僧道"。

生出特别之服务关系为条件，所以两者之间务要意思之一致。因此，对于名誉职之被选，在法律上，亦认为是义务的性质，应负有就职的义务。所谓“名誉职”，乃是对“专务职”而言。专务职，即专心一意尽其职分之义务的意思。反之，名誉职，即个人于自己业务之余暇，尽其公共的职务之义务的意思。这也就是以专务职为有给职，以名誉职为无给职的理由。考英国自治制度，对于地方公职，皆以名誉职为主，而学者亦称名誉职乃自治的要素。德之公法大家克来斯脱（Rudolf von Gneist）[1]氏，对于“自治”二字，曾下有这样的定义：“遵国家的法律，以地方税支付费用，而以名誉职员办理之地方行政，就是自治。”观此可知，自治职员，都是以名誉职为骨髓，所以自治之能否收到实效，全恃名誉职员之得人与否以为断。为此种种原因，所以历来名誉职制度，对于名誉职员之就职一层，皆加以一个相当的强制。即如前面所说，遇有被选不就或就而不执行职务的情形，是要停止其公民权的，就是这个缘故。然则，被选举权果皆不能放弃么？曰：是又不尽然，其有不得已情形，如（1）久病；（2）因职业上或学业上常须出外，或须长时间之旅行者；（3）年龄满七十岁者；（4）有其他正当理由经地方理事机关认可者，亦可辞去当选的职务，但其无此种事实或理由者，不在此限。

关于（六）的，就是选举之舞弊。其无选举资格而为资格之假造或以不合法的行为以及金钱贿赂或别种威吓而为被选举之运动者，都是叫做舞弊。考英国的选举

[1] 今译作鲁道夫·冯·格涅斯特。

舞弊法律，分有三点：（1）规定甚么是舞弊行为，法律上所列举的是：贿赂、款待、威吓、冒名、假造选举结果报告，凡此种种都是道德方面的堕落行为，所以须受法律上极重的刑事处分。（2）规定甚么是非法行为，如雇用人员运动选举，雇用车辆招待选民出席投票，或想在法律规定范围以外之几个选举区内同时投票，这种种行为虽与道德无关，但从选举方面着想，也算是不正的行为，所以也应当禁止的。（3）限制各候选人或别人为候选人所花的选举费用。英国各区域的情形不同，选举费用亦万难一律，乡间人民散居各处，所以费用亦较城市为高，并且各选举区域人口又不等，所以也不能以区域为单位，限定选举时的费用。以上三点，乃就英国选举法律之规定而论。至于我们的，则以地方情形、习惯和英国的不同，自难全部援用。不过，关于第一点之贿赂、款待、威吓、冒名、假造选举结果报告，以及第二点之雇用人员运动选举、雇用车辆招待选民投票和同时在几区内投票等的不当行为，自应以法律严加制止为是。抑更有进者，大凡一个个人，须有“二律”以为维持之具。所谓“二律”，即“他律”和“自律”是。何谓自律？何谓他律？即自己服从自己之时，以自己为真正之立法者，所有自己意欲之行动，均须依照道德的自律之原理，这叫做自律。反之，依照自己与对立之外来者之命令而为意欲之行动，这叫做他律。后者之旨，在于禁暴遏恶，在于断难解纷，在于施正义于天下，而保社会之和平秩序。前者之旨，则在于发扬个性，在于爱育自治，在于增进地方之幸福，以为悠远长久而普遍的大生命之故乡之维持。这一点凡对于选举权之行使的人，均宜加意！

以上既把关于选举权的大要说过，现在所要说的，就是办理选举的手续：（一）选举人名簿之备置（附式一）。（二）选举票之印制（附式二）。（三）投票匦之制发（附式三）——此项投票匦，应由上级自治机关制发，于选举后，仍缴回保管。（四）选举前三日应请由上级自治机关派定发票监察员、投票监察员、开票监察员，分别监察发票、投票、开票事宜——前项监察员不得以本地方居民充任。又，选举前一日应由地方民大会推定发票管理员、投票管理员及开票管理员，分别管理发票、投票、开票事宜。（五）选举时由发票管理员当同发票监察员按照选举人名簿依次唱名，由选举人亲在簿内签字后，发给选举票一张——发票管理员及发票监察员应开具发票及余票清单，将余票及选举人名簿交由地方民大会报告上级自治机关检查。（六）选举时应由选举人依下列［（1）理事机关首长应加倍选举二人，副长应依其人数加倍选举若干人，（2）监察委员应依其人数选举三人或五人］程序，以无记名连记法，在选举票内，择定候选人，即于其名下各格内，分别职务填写“十”字作为选举符号——前项选举方法应于选举前三日，由上级自治机关宣示。（七）选举票经选举人记入选举符号后，即当同投票管理员及投票监察员自行投入投票匦。（八）投票前应由地方民大会主席当同投票管理员及投票监察员对众将投票匦开验，俟投票后，即由投票监察员将匦门封锁，与投票管理员共同保管。（九）投票后应于同日在选举场举行开票，但投票人数满一千人以上时，得展至次日举行。开票时刻，由地方民主席决

定宣布。（十）开票时由保管投票匦之投票管理员及投票监察员将票匦交由开票管理员及开票监察员，当众验明封识，再启匦门。（十一）开票时由开票管理员当同开票监察员将各被选人姓名及被选职务，当众宣布，并分计票数于票数计算表（附式四）。（十二）被选人以得票多者为当选，但所得票数不及选举人数十分之三时，不得当选。（十三）当选人名次以得票之多寡为序，票数同者，由地方民大会主席当场抽签定之。（十四）被选人于二种或三种职务均可当选者，按其所得票数依［（1）均占最多数时，首以理事机关首长为当选，次以监察委员为当选。（2）有一为最多数时，以最多数者为当选。（3）均非最多数，而有一为监察委员时，以监察委员为当选。其为理事机关首长及副长者，以首长或副长当选］办理。（十五）凡同居之家属或同居之店员不得同时为地方选举之当选人；其同时当选者，依［（1）当选之职务不同者，首以理事机关首长再以监察委员为有效。（2）当选之职务相同者，以得票多者为有效；票数相同者，由地方民大会主席当场抽签定之］办理。（十六）理事机关首长、副长、监察委员如无当选人或当选人不敷法定人数时，应于当日或次日补行选举。（十七）选举票有下例［（1）不用上级自治机关所发加盖钤记之票纸者，全票无效；（2）在候选人名下连画两格至三格之符号者，其被选人无效；（3）超过应选举之法定人数，选举多人者，其本格内之各被选人均为无效；（4）选举符号不合定式或不在正当地位者，其被选人无效；（5）于选举票内，任意涂改者，其涂改之被选人无效］情事之一者，由开票监察员报经地方民大会主席查核，宣告全部或一部分无效。（十八）选举如有舞弊情事，除应由上级自治机关（市政府或县政府）转送法院核办外，并宣告选举无效，另行定期选举。（十九）当选人宣布后，由地方民大会依［（1）当选之理事机关首长，按当选次序开具姓名二人请由上级自治机关（市政府或县政府）择委一人；（2）当选之理事机关副长，依决定额数当选次序加倍开具当选人姓名，请由上级自治机关（市政府或县政府）照额择委；（3）当选之监察委员，依决定额数，按当选次序开具当选人姓名三人或五人请由上级自治机关（市政府或县政府）备案，同时并按当选次序，将多数当选人开具候补监察委员三人或五人报上级自治机关（市政府或县政府）］备案。（二十）投票管理员及投票监察员应具投票录，开票管理员及开票监察员应具开票录，将投票及开票情形分别记载，交由地方民大会报上级自治机关查核，其选举票并送上级自治机关存查，俟一年后即可销毁（附式五、附式六）——前项投票录及开票录并送本地方理事机关备查。

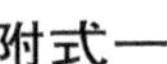

附式一

<table>
<tr><td colspan="5">市（或县）第　区（乡/镇）选举人名簿</td></tr>
<tr><td>姓　名</td><td>性　别</td><td>宣誓登记日期</td><td>住　址</td><td>投票时签名</td></tr>
<tr><td></td><td></td><td></td><td></td><td></td></tr>
</table>

附式二

<table>
<tr><td>注　意</td><td rowspan="2">候选人姓名</td><td rowspan="2"></td><td rowspan="2"></td><td rowspan="2"></td><td rowspan="2"></td><td rowspan="5">中华民国
年　月　日

乡/镇选举票

（盖区钤记）</td></tr>
<tr><td rowspan="4">一、候选人名下有三个格子是三样职务，某人充某种职务即在其名下相当格内画一个十字，每选一人以一格为限，不得连画他格
二、乡/镇长应选二人
三、副乡/镇长应选（若干人）
四、乡/镇监察委员应选（若干人）</td></tr>
<tr><td>乡/镇长</td><td></td><td></td><td></td><td></td></tr>
<tr><td>副乡/镇长</td><td></td><td></td><td></td><td></td></tr>
<tr><td>乡/镇监察委员</td><td></td><td></td><td></td><td></td></tr>
</table>

附式三

投票匭式

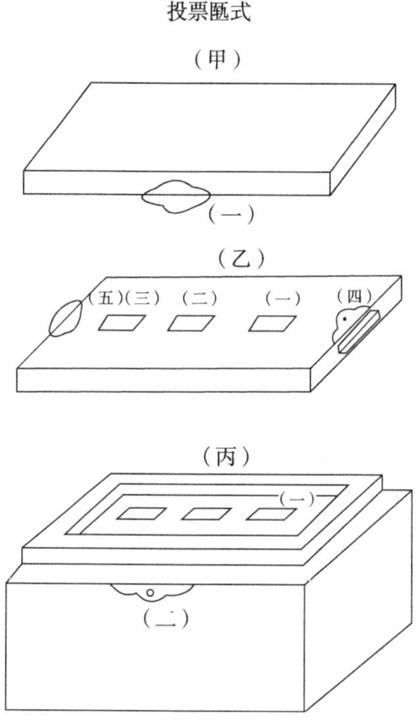

（甲）系匭盖

（一）铜锁搭

（乙）系匭屉

（一）（二）（三）投票口；（四）（五）两旁暗锁

（丙）系匭身

（一）匭屉；（二）锁

注意！投票口照票纸大小以二分宽为度

附式四

（甲）

市（或县）第　区　（乡）（镇）选举（乡）（镇）长票数计算表		
姓　名	票　数	合　计

（乙）

市（或县）第　区　（乡）（镇）选举副（乡）（镇）长票数计算表		
姓　名	票　数	合　计

（丙）

市（或县）第　区　（乡）（镇）选举（乡）（镇）监察委员票数计算表		
姓　名	票　数	合　计

附式五

投票录

市（或县）第　区（乡）（镇）投票录

（一）选举人总数共……人

（二）投票人总数共……人

投票之经过记述……

（乡）（镇）民大会主席（签名盖章）

投票管理员（签名盖章）

投票监察员（签名盖章）

附式六

开票录

市（或县）第　区（乡）（镇）开票录

（一）投票人总数……人

（二）投票纸总数……票

说明……（叙述投票人与投票纸总数相符或不相符情形）

（三）开票结果

（1）无效票　（若干）　票内分

甲　全部分无效票　（若干）　票

乙　一部分无效票　（若干）　票

说明……（叙述无效理由）

（2）有效票　（若干）　票

（乡）（镇）长所得票数

姓名　若干票

（以下照当选人数按名开列）

副（乡）（镇）长所得票数

姓名　若干票

（以下照当选人数按名开列）

（乡）（镇）监察委员所得票数

姓名　若干票

（以下照当选人数按名开列）

说明……（此项说明须叙述得票人数，如有二人以上所得票数相同者应抽签，结果某列在先某列在后一并声明）

（四）开会之经过记述

（乡）（镇）民大会主席（签名盖章）

开票管理员（签名盖章）

开票监察员（签名盖章）

第二项　罢免权

四个政权中的罢免权，就是说，凡是中华民国的官吏及民选的代表参议员等，其有违背人民的意思或是无能或是不负责任的时候，中华民国的公民得于一种制限之下，提出请求书，要求公众投票，决定应否罢免的意思。其行使之方式有二：（一）关于中央的罢免权，由国民大会行使；（二）关于地方的罢免权，由地方的公民直接行使。现在我们所研究的是地方自治，所以在这里所要说的，只是关于地方的罢免权。

不过，在地方的罢免权未说明之前，对于一般的罢免制，似有先行略为一述之必要。按罢免权，就是公民对于他们自己所认为失职之民选的议员、员吏或法官，倘得有一定的法定人数，便可召集全体公民投票表决。其对于议员的罢免制，约有二个形式：（一）是适用于议员的罢免制——就是承认在一个选举区中的选民，对于本区议员，得依法定人数之署名，要求本区选民全体投票表决将他罢免；（二）是适用于议会全体的罢免制——就是承认全国选民，对于议员全体，得依法定人数之署名，要求全国选民投票表决，一律罢免。又，对于行政官的罢免制，就是本选举区内的选民，对于民选的行政官吏，得依法定人数之署名，要求召集本区选民投票表决，将他罢免。至对于法官的罢免制，就是选民对于民选的法官，得依法定人数之署名，要求选民全体投票表决，对他罢免。这种罢免权，最盛行于美国，间德国、瑞士及现在之苏俄亦采此制，别国则很少采用。美国人民初次实行此权——罢免权，是在一九〇三年西方之一个城市，名叫罗森极司（Los Angeles）❶ 的地方。在当时，此种制度，只在各种新式的城市规约（如自治的市规约）内发现着。到了一九〇八年，而西方之俄列冈邦（Oregon）❷，乃把此种制度规定在宪法修改案之内，凡邦政府的民选官吏及邦内各乡区各城市政府的民选官吏，都可由人民正式罢免。其后各邦争相仿效，现在采用此种制度的，计有十一邦。其行使的范围极不一致，或行使于一切官吏的（如 Nevada 邦），或行使于一切民选之官吏的（如 California 邦），或行使于司法官除

❶ 即洛杉矶。

❷ 即俄勒冈。

外之一切官吏的（如 Louisiana 邦），此外尚有一邦（即 Colorado 邦），且把罢免权的范围扩充到法庭的判断——就是人民能投票表决取销某种判断（如 Colorado p）。要之，因为美国各邦行使罢免权的范围不能一致，所以各邦现行之关于罢免权的法律，亦因之而不同。但所谓法定人数（就是请求罢免之法定人数）者，大约总在选民总数百分之十至百分之三十五为准，其中以百分之二十五为最普通，如 Oregon、Arizona、Nevada、Michigan、Louisiana 等邦的请求人数，都规定为百分之二十五。

凡在适用罢免权法律范围以内的官吏，在接事以后之一定时期（三个月、六个月、一年，没有一定）以内，公民不得行使其罢免权。过了一定时期，如公民得到法定人数之署名，可用极简单的请求书，叙明要求罢免某人的理由，提交政府中之主管机关，由其审查。在这当儿，被请求罢免的官吏，能够识相，即于五天之内自动辞退，那便无事。否则，请求书经主官机关审查合格之后，在二十天至九十天之内，便要召集一个罢免投票大会。其手续分为两点：（一）先决某人应否罢免；（二）选择继任人物。这两个问题是在一张票上同时解决的。票之式样如下：

某甲是否应当罢免 □ 是 □ 否
某甲继承者的候选人 □ 某甲 □ 某乙 □ 某丙

投票之后，先点检罢免的票数。假使“否”的票数多，就算被罢免者走运，仍得继续任事；反之，“是”的票数多，那对不起，就要请他卷铺盖。一面再点检继承的票数，凡得票最多数的候选人，就请他补这个被撵走的官吏之缺，一直到满任时候为止。

以上所述，乃是罢免权之一般的情形，现在要牵到我们的本题了。

本来，罢免权之行使，和选举权之行使一样，是极费事的。惟其因为极费事，所以非出自慎重不可！兹姑拟就对于自治职员之鉴别的方法数条于后，以为罢免权行使之标准：

（一）人民所要做的事做了没有？

（二）民生的状况，是否日入佳境？

（三）对于各种建设，有成绩没有？

（四）地方的预算、决算，能适合否？

（五）民众的教育，有进步否？

（六）人民对于租税，是否尚能负担？

（七）兵祸、匪祸、恶主义之祸，已悉数消灭了没有？

（八）农产之收获，能丰足否？

（九）水火灾旱之忧，是否较前减少？

先把自治职员的成绩，加以鉴别，而后再出以慎重的判断，绝不宜存有丝毫的私意在其间，更不可随便被人利用。为甚么呢？因为假使为着其他的原因，乃出而运动罢免，这不但使“有能”的自治职员，无从充分发挥其才能，并且于地方的设施上，亦有极大的影响。

又，对于罢免权之行使，应当尚有一种规定如下：

（一）自治职员等于任内或若干个月以内，仅能受

一次罢免之投票。

（二）凡公民请求罢免自治职员（或代表），均须于请求书上叙明应行罢免的理由。

（三）行使请求罢免时，请求人似应缴纳相当的保证金。

（四）罢免的请求倘被否决，投票费用之一部或全部，应由请求人负担。

（五）声请罢免人，须将罢免请求书递由主管官厅转交于被声请罢免的人，使其有答辩的机会。

（六）公布罢免请求书时，须附载其答辩书，使民众不为片面的言论所蒙蔽。

以上六条，应该都是很要紧的罢！兹将《乡镇坊自治职员罢免法》之大要录出而后再作个交代：

（1）下列之二种罢免案均应提交大会公决：

乡监察委员会、镇监察委员会或坊监察委员会依法纠举时；

有法定人数之公民签名提出罢免案经审查无误时。

（2）自治职员如有违法失职情事，由全体公民之三十以上人数之亲自签名，得提出罢免案。

（3）乡长镇长或坊长之罢免案，由乡镇坊监察委员会审查；乡镇坊监察委员之罢免案，由区监察委员审查。

前项审查仅限于审查罢免案有无违背前条之规定，无违背者，提交大会公决。

（4）罢免应于大会开会前五日内，由区公所派定罢免监理员一人，投票管理员开票管理员各若干人，并呈报备案。

第七条第二项（注一）之规定于前项情形准用之。

（注一）第七条第二项条文如下："本乡本镇或本坊之公民不得为前项监理员或管理员。"

（5）罢免监理员之职权，准用第八条（注二）关于选举监理员之规定。

（注二）第八条条文如下："选举监理员指导并监督管理员办理投票开票事宜。"

（6）投票管理员之职务准用第九条（注三）之规定。

（注三）第九条条文如下："投票管理员之职务如下：（一）掌投票匦、票纸及投票人名簿。（二）保持投票时之投票秩序。"

（7）开票管理员之职务除准用第十条第一款至第四款（注四）之规定外，并应保存罢免票。

（注四）第十条第一款至第四款条文如下："（一）计算投票数目；（二）检查投票纸真伪；（三）决定投票之是否合法；（四）保持开票时之开票秩序。"

（8）第十二条（注五）、第十六条第一项（注六）、第十七条（注七）、第二十条至第二十三条（注八）之规定于罢免准用之。

（注五）第十二条条文如下："经前条公告期满（五日），乡公所、镇公所或坊公所应按照公民名册造具投票人名簿，分别记载姓名、性别、年龄及居住所。"

（注六）第十六条第一项条文如下："投票纸及投票匦应由区公所按照定式制成，于距大会开会七日前发交乡公所、镇公所或坊公所。"

（注七）第十七条条文如下："公民于选举日领取投票纸

时，应先在投票人民簿[1]所载本人姓名下签字。”

（注八）第二十条条文如下：“投票时除关于投票方法得与大会主席、选举监理员及管理员问答外，不得与他人接谈。”

第二十一条条文如下：“公民投票，倘有冒替及其他违背法令情事，选举监理员得商请大会主席令其退出。”

第二十二条条文如下：“选举监理员于投票完毕后，应先令投票管理员退出，会同开票管理员开票，即日宣布投票结果。”

第二十三条条文如下：“检票时应先将所投选举票总数与投票人名簿查对。”

（9）罢免案合于（1）各款之规定而距大会开会期间逾三个月者，应召集临时大会。

（10）提出罢免案之公民得附其理由书，被提出罢免案之自治职员，亦得提出答辩书，但均以“三百字”为限。

前项理由书应连同罢免案于距大会开会十五日前送达各公民，答辩书应于距大会开会七日前送达各公民。

（11）投票纸分“白”“蓝”二色，应记载被提出罢免案者之姓名职务。凡“赞成罢免案者投白票”“反对罢免案者投蓝票”，均应签名于投票纸。

前项投票应设副匦，投白票者将蓝票掷入，投蓝票者将白票掷入。

（12）罢免案经投票公民过半数赞成时，始为确定。

（13）罢免票有下列情事之一者作废：

未签名或非亲自签名；

[1] 疑为“投票人名簿”。

夹写其他文字或符号者；

不用大会所发投票纸者。

（14）罢免案确定后，大会主席应宣告“改选”。即以罢免监理员为选举监理员，罢免之投票管理员、开票管理员为选举之投票管理员、开票管理员。

前项改选，于监察委员有候补监察委员补充时，不适用之。

（15）大会主席于罢免改选确定后，除分别公告外，应呈由区公所递报上级机关。

（16）罢免有下列情事之一者无效：

投票人名簿所载公民姓名因舞弊而牵涉全数人员经判决确定者；

提出罢免案之法定人数不实经判决确定者；

办理罢免违背法令经判决确定者；

罢免案赞成票数不实经判决确定者。

罢免无效时，改选一并无效。

（17）公民或被罢免者遇有下列情事之一时，得于十日内向法院起诉：

确认大会主席、罢免监理员、投票管理员、开票管理员，有舞弊或其他违背法令之行为者；

确认提出罢免案之法定人数不实者；

确认罢免案赞成票或反对票数不实者。

（18）法院对于自治职员之罢免诉讼，准用第三十一条（注九）之规定。

（注九）第三十一条条文如下：“法院对于自治职员之选举诉讼应先于其他诉讼事件审判之。”

（19）刑法关于妨害选举罪之规定，于妨害罢免准

用之。

大凡人民对于自治职员办理自治，约有下列之三个观念：（一）如贫民之账恤、义务教育之实施、捐税之减免、公共娱乐所之建设、劳动者之保护、地方医院之设置、著作之奖励、公园之营建等，这些事因为都是眼前的利益，所以是表赞成的；（二）如种痘之强迫、卫生之检查、消毒法之执行、传染病之预防、马路之修理、不正当营业之取缔、各种车辆夜灯之设置、赤身露体之取缔、奇装怪服之禁止等，这些虽有一部分的人一时觉得不方便，或有怨恨之见存，但于很短的时间内，便可使大部分的人知其好处，所以还不至于弄出乱子；（三）如森林之提倡、水利之修治、工业之启发、矿业之振兴、航业之整治、公路之开筑、教育之强迫、街市之改建等，这些事既需巨款，一时又难收效，且其中不免常有侵害人民个人的利益之处，所以极易遭人反对。因此，地方公民对于地方自治职员的行事，务要自己能具有相当辨识的能力，若者应该拥护，若者应该罢免，自家非有自家的主张不可！

至于办理自治的人，亦有应行注意的地方：大凡一种事业之设施，不必尽要叫人赞成，亦不必尽会遭人反对。不过，其关于收效稍迟需款稍巨的事业，无论如何总难免去一部分人的非难，像前面所说的那样。所以于那些事业确定设施之时，应将该事业之实际，明白宣示于民众，并告以此种事业将来之收效以及目下设施之必要的理由；一面并于报纸上广为宣传，以冀舆论之赞助。听说：现在美国人民已几有偏于理想之事实，其对于所希望将来之利益，恒不吝牺牲目前之享乐而达成之；他们不息的进步生活，无倦的操作，刻苦的忍耐，这种种精神无非都是为着梦想“将来之成功”。这一个消息，很可以引作我们办理自治的人之宣传的资料。

由以上种种归纳起来，我们可得个结论如下：（一）罢免权之行使，是要绝对慎重，断不宜滥用，亦不可被人利用；（二）对于自治职员所办的事，应先辨识清楚，而后再加赞否；（三）对于将来可收巨效之事业，眼前即受着些微的痛苦或牺牲，亦应容忍，以助其成；（四）假使有人提出罢免某甲的声请书，要我同意，我先要查明：提出者是属那一种的人？他和被声请罢免者之关系如何？有利害冲突的地方没有？声请罢免的理由如何？证据如何？又，被声请罢免者的人格如何？平常做事的成绩如何？最近有甚么新设施否？该项新设施的性资如何？有侵害人民的利益否？所侵害的程度及情形如何？他有仇人否？有受贿舞弊的事实或意思没有？这些问题，都要一一澈底查得清楚。倘认为无罢免之理由，则必须凭着自己的良心去做主张，不为情面所束缚，不为权利所诱惑。如是，才能表出罢免权之真价值。

第三项　创制权

四个政权中的创制权，其形式和瑞士联邦宪法及美之诸州和最近德奥等国宪法所采的，微有不同。它是说：凡是中华民国公民，对于本地方的政治有创制之权，对于一国的政治，有委托于国民大会代表代行创制之权的意思。此权的精神，约有四点：（一）公民不必得立法机关之许可，而自能创制关于人民利益的法律；

（二）凡关于民众行为上之一切障碍的法律，一概可以消除，而成为实体有益之法令；（三）法律的内容所包涵者，都是纯粹民政的胚胎和建设的计划；（四）可以补立法机关的缺点。

惟是，此权之在我国，乃是破题儿第一试，究竟它本来的性质怎么样？行使的方式怎么样？又，在瑞士及美之诸州所运用的情形如何？这些都有先行提出一说之必要。

创制权的性质，和请愿权（the right of petition）不同。请愿权是说：凡公民都可以向立法部请愿（或出席立法部的委员会，说明他所请愿的议案——像美国就是这样）制定某种法律的意见。因此，便有许多需要的法律，在这请愿之中发端出来。可是立法部假使拒绝他的请愿，那他所希望的议案，就成为“空中楼阁”了。至于创制权，则是由国家赋予若干选民之一种权力。不问立法部的意见如何，他们自己可以起草法律。论它的目的，就是要辟出一条立法之第二的通路，这就是它和请愿权不同的地方，也就是它的特色。

所谓创制制度，说明白点，就是凡达到法定人数（各国不同：有达选民总数百分之三的，有达百分之五的，有达百分之八的，有达百分之三十的）之公民，他们可以自行起草法案。这个法案或提交议会议决，或依法律的规定，直接由公民投票表决。通过之后，马上就可发生法律的效力。其方式有二：一为直接创制（direct initiative），就是把公民提出的法案，直接交由公民全体表决；二为间接创制（indirect initative），就是公民向立法部提出法案，如果立法部予以通过，便成为法律，否则，便交由公民全体投票表决。

以上既把创制权的性质和方式说过，现在请言瑞士和美国行使此权的情形。瑞士在前世纪的中叶，就有两州采用过创制权，及至一八八九年，差不多各州均已采用（只有一州未采用）。兹将瑞士创制的结果录几条出来，以资参考：

瑞士联邦

日期	投票的题目	注册选民	有效票数	
			赞成	反对
一八八〇年十月三十一日	重制宪法以设置“单一银行发行制”	六三五一六八	一二一〇九九	二六〇一二二
一八九三年八月二十日	修改宪法禁止宰牛	六六八九一三	一九一五二七	一二七一〇一
一八九三年六月三日	修改宪法规定各邦有供给工人工作的义务	六八〇七三一	七五八八〇	三〇九二八九
同　年十一月四日	修改宪法将关税岁入分给各州	六九〇二五〇	一四六四六二	三五〇六三九
一九〇〇年十一月四日	修改宪法规定联邦众议院的选举用比例代表制	七四七五八二	一六九〇一八	三四四五七〇
一九〇三年五月二十五日	修改宪法上关系联邦众议院选举的条文	七六七五四二	九五一二一	二九五〇七五
一九〇八年七月	修改宪法禁售茵酒（absinthe）	八三九二一二	二四一〇七八	一三八六六九
一九一〇年十月	删除联邦宪法第七十三条代以用比例代表制选举联邦众议院之一条	未详	二四〇三〇五	二六五一九四

阿尔高州

（1）创制保护鸟兽案（结果反对票多）。

（2）创制规定由人民选举州行政委员会及联邦上议

院的议员赋税法（结果赞成票多）。

（3）关系地方复决权的创制案（结果同上）。

（4）创制设立比例代表制（结果反对票多）。

（5）重制州宪的创制案（结果同上）。

巴耳州（城市的）

日　期	投票的题目	有效票数		附 注
		赞成	反对	
一八九五年	州议院（Great Council）的选举用比例代表制	二七三一	二六三五	批准创制的请愿
		三八五〇	四七二八	否决议案
一九〇一年	取消州议院用木材铺路的决议	三五三二	一七三九	批准创制的请愿
		五二三三	三七五八	赞成州议院的决议
一九〇三年	在选举的时候和平民票决的时候强迫投票	四〇六四	五九一七	否决创制的请愿
一九〇五年	保护面包工人	一七六七	三七三二	否决创制的请愿
一九〇七年	取消州议院关系街车轨道的决议	三四八九	一九五二	批准创制的请愿
		四五三八	二二〇二	赞成州议院的议决
一九一一年	取消路灯法	三三一三	四五八五	否决创制的请愿
一九一二年	取消清洁道路捐	四五五九	六四一七	否决创制的请愿
	向客籍的人征收学费	七八二四	二九九〇	批准创制的请愿

巴耳州（乡村的）

修改典押法的创制案（结果反对票多）。

柏英州

（1）取消强迫种痘（结果赞成票多）。

（2）主张行政委员会由人民依比例制选举的创制案（结果反对票多）。

（3）改良牛马养育法的法案（结果赞成票多）。

（4）划一盐（州专卖的）价的创制案（结果同前）。

（5）关系师范学校的创制案（结果反对票多）。

给尼发州

（1）禁止妓院的创制案（结果反对票多）。

（2）关系不能同时兼任之官职的创制案（结果赞成票多）。

（3）主张审判官由人民选举的创制案（结果同前）。

（4）提议修正宪法，取消宪法上只许律师办理诉讼之条文的创制案（结果反对票多）。

格里孙州

（1）法定住址法的修正案（结果反对票多）。

（2）整顿汽车的创制案（结果同前）。

罗色英州

（1）将行政委员会委员减为五人，依少数代表制选举（结果反对票多）。

（2）禁止行政委员会委员及最高法院的法官做公司的董事（结果同前）。

（3）由人民选举行政委员会的会长（结果同前）。

（4）以酒税等岁入之四分之一给与城市（communes）的创制案（结果同前）。

圣高尔州

将典押利率减为四厘的创制案（结果赞成票多）。

效夫浩信州

修改宪法第四十八条的创制案（结果反对票多）。

希洼支州

提议重订州宪的创制案（结果赞成票多）。

苏鲁拖英州

（1）酒商提出的创制案——要求重行制定关于旅馆

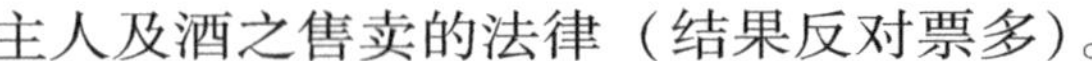

主人及酒之售卖的法律（结果反对票多）。

（2）修改关系草屋之法案的创制案（结果反对票多）。

多尔高州

（1）要求公立学校供给教科书不收书价的创制案（结果反对票多）。

（2）取消“关于给酒官吏的法案”的创制案（结果赞成票多）。

（3）要求创设实业法庭的创制案（结果同前）。

干来州

修改宪法上关于薪俸的规定（结果反对票多）。

夫乌州

（1）主张州议院的代表以瑞士公民数为根据，取消以居民数为根据的旧制的创制案（结果赞成票多）。

（2）取消教员和牧师的退职恤金的法案（结果反对票多）。

（3）禁止活体解剖的法案（结果同前）。

（4）要求修改刑事诉讼法的创制案（结果同前）。

（5）请取消律师考试的创制案（结果同前）。

（6）无论何人皆得做不用药物或手术的医生的创制案（结果同前）。

（7）以百分之四为最高税率的创制案（结果同前）。

我们把以上关于创制的各议案拿来检查一下，便可看出瑞士人民显是一种特别保守的民族。盖前列许多案件之中，除去禁止“杀牛”的联邦议决案之外，其由创制权制定的法律究有几件？我们要晓得，大凡人民评判法律的理智，固然不必一致，但是总有一个共同的中心。可是，在瑞士，对于真正急进的、非常的或学理的提案，其结果皆为大多数所否决——例如在瑞士联邦，规定邦政府有供给工人工作的义务；又，在给尼发州，禁止妓院的创制案，都遭否决。即此已可窥见其人民对于创制权之共同的中心之核心了。

至于美国各邦之对于创制权之运用的经验，和瑞士却大相反。在他们（指美国）用创制权所制定的各种议案之中，有许多是属于纯粹政治的性质。他们所论及的多是邦政府的组织和权力或手续的形式。他们所提的尽是修改宪法的方法、立法部会期的期限、官吏和法庭的判决之撤销、选举的投票制度。妇女参政权、黑奴的公权之褫夺等事件，像这些题目，何一不是堂堂的大题目？他如公共事业之文官任用的改革，司法手续、补助学校、道路借款的限制，免囚的职业，征税财产的种类和征收的税率以及关系地方政府的邦制案等，又都是极其重要的问题。不但这样，并且那许多议案里，其由创制权通过的法律而直接属于私人之行为的，只有九件。而这九件之中，三件系属管理鱼类之捕捉，三件系属公署、煤矿及妇女的工作时间，一件系属雇主对于意外事故的责任，一件系属确定运输的标准，一件系属妇女抚儿恤金条例。这自然也不是没有意义的呵！兹将美国创制的结果，其足资参考之数条摘录于后。

法案的题目

（1）给与妇女投票和服务的权利（阿利莎拿）——赞成。

（2）禁酒法（亚尔干萨）——反对。

（3）修改“关系选举的法案”（同前）——反对。

（4）设立邦立教科书事务署；该署的委员由教员选

举（同前）——反对。

（5）允许城市发行公债改良城市事业（同前）——赞成。

（6）禁止赛马赌博和射靶赌博，并特许跑马（加利福尼亚）——反对。

（7）限定商工业中妇女作工八小时（科罗拉多）——赞成。

（8）规定“选举票不得印刷政党的候选人名表”（同前）——赞成。

（9）规定人民得撤消宣告法律不合宪法的法庭决议（同前）——赞成。

（10）周济贫苦儿童的《妇女恤金条例》（*Mother's Compensation Act*）（同前）——赞成。

（11）矿工、冶工等八小时工作法（同前）——赞成。

（12）直接预选会法（迈英）——赞成。

（13）禁止卖酒（密苏里）——反对。

（14）限制选举费用等项（蒙大拿）——赞成。

（15）准许将学校土地卖与民众（俄克拉荷马）——反对。

（16）修改宪法上为无公权的黑人而设之“祖父[1]”（grandfather clause）（同前）——赞成。

（17）增加地方任便复决权（同前）——反对。

（18）增加妇女参政权（同前）——反对。

（19）学校补助案（school aid bill）（同前）——

[1] 应为“祖父条款”。

赞成。

(20) 要求向电话公司及电报公司征收2%的总收入税(奥里贡)——赞成。

(21) 限制在下流捕捉鲑鱼及鲟鱼(同前)——赞成。

(22) 限制选举运动费(选举舞弊法令)(同前)——赞成。

(23) 改变两个县的界址(同前)——反对。

(24) 准许县发行筑路公债(同前)——反对。

(25) 规定一切公共机关皆每日工作八小时(同前)——赞成。

(26) 禁止私人雇用邦犯(state convicts),准许雇用他们做公共事业(同前)——赞成。

(27) 家具和动产免税(同前)——赞成。

(28) 取消死刑(同前)——反对。

(29) 禁止未得市长允许在大街或广场集会(同前)——反对。

以上所列各案,多为奥里贡邦的议案。本来在美国各邦中,创制案之出产最富的,要算是奥里贡邦,所以奥里贡邦可算是最大的直接立法实验室。我们就该邦的情形看来,由创制权提出的法律,与邦议院内所讨论的法律,一样地多。倘以寻常的臆测,总以为这些法律全是赞成直接立法的人提出的,却料不到那里头也有很多转是由反对直接立法之人提出的啊!

本来创制权的目的,是在构成显明而真正的公共意见,所以由创制权提出的问题,总要简略而单一。但在普通的创制权之下,每易提出不易了解而复杂的议案,

且更有以许多显明而“初看似极可爱”的条文拿来骗人，这在创制权之运用上，最为忌讳，这一点务必注意。

综合以上所说，可知创制权是有限制的。兹将其限制的方法写出：（一）凡创制提案请求书，须于未付民众票决之前，先取得全体选民若干人以上自由之赞助，方能提出。（二）凡对一地方政治之创制，其提案请求书，须注明关于一县民众利益之事；对一国政治之创制，其提案请求书，须注明关于全国民众利益之事。（三）对于创制提案可否之采决，须依照所规定的票数而行。至其行使的手续：（一）凡欲提案者，必须先以其动议笔之于一定格式上，先期刊布于各选区中，俾选民得睹其动议的理由充足不充足，而后方为可否之决定。（二）此项动议倘能成立则应于请求书未署名之前或既署名之后，送由法律顾问或司法机关或立法上有经验之团体审定其形式内容，以期正确，而免错误及不合手续等的毛病。（三）先为“赞成”“反对”之投票，然后以原案和修正案两者再付投票。假使其中有一案能得全体投票之多数，则该案便算可决。万一投票结果，无一案能得多数，则取其中之较易多数者，再为“赞成”“反对”之投票。（四）请求书的内容：（甲）署名其上者，应为登记的选民；（乙）署名者应注明职业和住址；（丙）请求书内所署的公民，均应有人证明其系当面亲署者。

最后，还有一点要说的，就是假使遇到人家有创制法律提案，要我赞助的时候，我务要格外慎重，不可粗率签字，致落其圈套。关于创制权的理论在廖仲恺先生所译的《全民政治》第二章内，有下面这一段话：

“……凡夫可资民用之事业，无论其为何项特权，市民必急于投票许可。例如不动产之开发者，与夫饱受无电灯电话街市等苦况之市民，倘有公司欲承充此种役务，必将群起而欢迎之；力迫官厅准其所请，而予以必需之特权。当是之时，若有参事会员对于所求特许之条件年限等项，为苛细的研究必逢公众之怒……

“谓在人民创制之下，此种公司有机会提出要求特许之草案，使人民不加改削，投票以决赞否者：盖不可争之事实。夫公司之现既供给社会用务者，有宏大之组织，有多量之金钱，有广布之势力，可资以运动市民署名于人民创制请求书中，以较自由结合之民众，无厚大资力为后援者，其优胜奚啻十倍！公司既有机会草具法案，具有能力使创制请求易于进行，尚复有何阻碍，以妨其续继权利或扩张年限乎？……

“或又谓人民于一种特许之准否问题，阙乏所需，以为缜密审查之资格；盖狡黠者所求特许，常空虚无物；自文字表面轻轻掠过或能欺人，细案其实，仅为一种给予信用之决议。欲洞察隐微，非具有眼识和光线者不可。如以此种本无生机之特许，一经人民嘘气，而受以成物；必将缧绵寄生于社会。故公司往往利用人民之需求，使为不智之许可，或冒渎人民之善意，而盗窃其信用……”

这一段虽是反对创制权者之强有力的理由，但我以为创制权的本身，总是没有甚么罪过，至其成效之如何，则专看运用得法与不得法而已。

第四项　复决权

因为一般政治学者，往往把创制权和复决权相提并论，所以在这里，先要把这两权的界线划分清楚，而后才好着手讨论。总理说：“如果大家看到了一种法律，以为是很有利于人民的，便要有一种权，自己决定出来，交到政府去执行；关于这种权，叫做创制权。若是大家看到了从前的旧法律，以为是很不利于人民的，便要有一种权，自己去修改，修改好了之后，便要政府执行修改的新法律，废止从前的旧法律；关于这种权，叫做复决权。”（注一）可知这两个权，一是否决立法机关所通过的法律之方法，一是制定法律的方法。这两个权，在政治上的界线既划分这样显明，那末，我们不妨把这两权分开，作“单纯的”之说明。关于创制权的，前面既已说过，现在请说复决权。

复决权本不是新产物，在美国老早就已很盛行，他如瑞士联邦的宪法和最近德奥等国的宪法，亦均有采用。我们现在所采的复决权，就是说，凡是中华民国国民其享有民权权利者，对于地方的政治，有复决之权；对于一国的政治，有委托于国民大会代表代行复决之权。换句话，就是公民对于一地方的政治，有最后的直接决定之权；对于一国的政治，有委托代表为最后的决定之权。

按一般的复决权之范围，不外下列各项：

（1）关于立法的事件。

（2）国债地方债之招募。

（3）自治团体利用物之买收或建筑。

（4）地方特别权利之设立。

（5）机关之设废。

（6）国家机关官吏及地方自治机关职员的薪俸之

增减。

（7）各种机关人员任期义务之伸缩。

（8）都市及地方区城之合并和名称之变更。

（9）首都之迁移。

（10）大学区、商业区、工业区之划分。

（11）特许、特权之核准。

（12）民政计划中之重要事务。

（13）其他关于一国或地方之各种事务和政策之进行。

又，关于复决权之行使的结果：对于某案或是全部的通过，或是全部的否决，或是部分的修改，原没有一定。

要之，复决制度，是把代表机关已通过的法律案或宪法案，重行交付公民投票表决。其目的是在防止代表机关违背民意，对于不应制定的法律，妄行制定，所以把最后的决定权，放在公民自己手中。此种制度有数种各别的形式。大概可分为下之六类：

（一）强制的复决权，即一切法案或一切事项之处理，均须经人民之同意，方能发生效力。

（二）任意的复决权，即立法机关得依照其自由意志，将一切法律简单地授权于国民大会或地方选民团，使以自由意志，决定应否以其计划付给民众投票；并规定于某一定期间（三十日，六十日，或九十日，随着情形而定）内，为投票和不投票之决定。倘逾一定的期间，人民没有提出复决之请求，就认人民已经“默许的批准”，该项法律就此发生效力。

（三）普通的复决权，即除去意思机关宣布紧急的

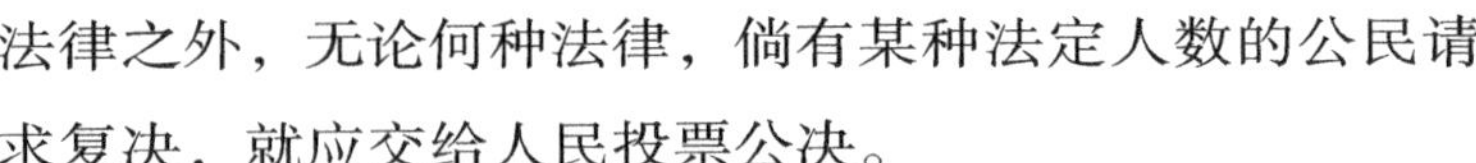

法律之外，无论何种法律，倘有某种法定人数的公民请求复决，就应交给人民投票公决。

（四）劝告的复决权，即立法机关对于一种计划，有促人民注意之必要时，乃用劝告式要求人民行使复决权。

（五）咨询的复决权，即立法者提议修改某种法律时，应将须否修改的问题，付给人民表决；而其修改的提议，必须取得参与投票的选民之多数同意，然后才得为修改之进行。

（六）批准的复决权，即立法机关对于某种法律案已为具体的议决，但须将法律案的内容，布于人民而求其批准。

此外，如署名于施行复决权请求书所必须之人数问题，关系也是极为重大。或定为“绝对的人数”，或以“最近选举区所登记的选民之人数为基础，而定为该全数中之百分之若干”。这两个办法，原没有一定但都可作为我们的参考。兹将运用复决权之最有经验的瑞士和美国的情形，分别提出一说，亦足借作考镜：

瑞士的复决权　瑞士人民运用复决权，迄今已有三十余年，但其形式只采前述之强制的复决和任意的复决之二种。大半瑞士联邦及近半数州里面，是采任意的复决；在大半数州里面，是采强制的复决。又，其中六州的法律是由州民会的民众大会制定，有一州则完全没有复决权。兹把其复决的结果，录些出来看看：

投票的题目

（1）宪法（瑞士联邦）——赞成。

（2）免除兵役税（同前）——反对。

（3）修改宪法，许用死刑（同前）——赞成。

（4）取消旅行商税（同前）——赞成。

（5）官吏恩俸（同前）——反对。

（6）修改宪法，增加联邦的军力（同前）——反对。

（7）关系工人防备疾病及灾难之强迫保险的法案（同前）——反对。

（8）修改宪法，规定发明专利的保护（同前）——赞成。

（9）关系耕作的法案（阿尔高州）——赞成。

（10）帮助失业者的法案（同前）——赞成。

（11）由州出资兴筑地方道路的法案（同前）——反对。

（12）保护未成年人及家仆的法案（同前）——赞成。

（13）阿尔高银行让与州政府的法案（同前）——反对。

（14）增加赋税八分之一的法案（同前）——反对。

（15）扩大克列格司代登（Königsfelden）地域的法案（同前）——赞成。

（16）公司股东税（同前）——赞成。

（17）关系给与穷人无偿之法律上的帮助的法案（巴耳州，乡村的）——赞成。

（18）关系缺课和放假的法案（同前）——赞成。

（19）由州政府捐款医治病人的法案（柏英州）——赞成。

（20）主张财产目录的法案（同前）——反对。

（21）承认三千万法郎州借款的法案（同前）——赞成。

（22）继承税和遗产税（同前）——反对。

（23）允许每年津贴给尼发至佛莱（Ferney）的狭轨铁路四万法郎以十年为限的法案（给尼发州）——反对。

（24）主张津贴由福隆德（Vollandes）至法国边境的铁路建筑费的法案（同前）——赞成。

（25）关系水权税（tax on water rights）的法案（效夫浩信州）——赞成。

（26）（A）要修改宪法么？（斡来州）——赞成。

（B）要全部修改么？（同前）——赞成。

（C）要部分的修改么？（同前）——赞成。

（D）要由州议院修改么？（同前）——赞成。

（E）要由宪法会议修改么？（同前）——反对。

我们把以上所录的，拿来稍为研究一下，便可知道复决制度之最发达的瑞士之实际的情形。不过，我们在下结论的时候，切不可忘却瑞士的人口之少而纯一，和其人民财富的分配之过于不平均之二点。为甚么呢？因为人口少而纯一，所以行使复决并不费事（但他们不曾投票者还是很多）；又，因为人口贫富相差太甚，所以不易得到关系全民之一致性质的议案。更由柏英州之“财产目录”及“继承税和遗产税”之两个法律案均被驳回之一点看来，又可证明该州之有财产的人之多了。

美国的复决权　在美国，其复决权之行使，有三个形式，而在其历史上亦即分为三个时期：第一，是修正宪法的复决权即将邦宪交给人民批准。这个制度于一七七八年首先实行于马沙邱萨；到了一八二〇年以后，则渐渐蔓延于各邦了。第二，是特别立法议决案的复决权，其原理与效果同第一的无甚分别，是从一种实际的要求发生出来的，如邦都（state capitals）和公共建筑物的地点之选择，邦债（state debts）之订借，赋税之增加等的重要事件，均须提交平民批准。这个制度创始于前世纪中叶，各邦虽有运用，但尚未有显著的趋势。第三，是普通复决权。这个制度是最近的产品，即在邦宪内设一个概括的规定：除去议院宣布紧急的法律之外，其他无论何种法律，倘有法定人数的公民之请求，就应交与人民公决。第一、第二两个形式的复决权，是美国原有的土产；第三个形式的复决权，乃是由瑞士之任意复决权模仿而来的。

美国虽然滥用“紧急案件条”，但以其立法的“出产量”是很大，所以其可以行使复决权的议案还是很多。兹将各邦普通复决权表决的案件摘录数件，列表于后，以资参考：

邦名	年代	议案	结果	总票数合选举时的票数或注册选民数的百分之几
Arizona	一九一二	强迫机关车前头装置电灯案	可决	六〇．一
Arizona	一九一二	规定公司和公共团体半月发薪案	可决	六二．一
Arkansas	一九一二	修改赋税法案	否决	七九．六（注册选民数的百分之几）

续表

邦名	年代	议案	结果	总票数合选举时的票数或注册选民数的百分之几
California	一九一二	划一县吏俸金和公费案	否决	三九．四
California	一九一二	改革县吏法……等案	否决	三九．四
Colorado	一九一二	矿工八小时工作案	可决	三八．二（选举时票数的百分之几）
Maine	一九一〇	设立 Gorges 镇案	否决	三八．六
Maine	一九一二	规定一式的投票匭及保存投票纸案	可决	七五．一
Montana	一九一二	发行养育院债票案	可决	八一．一
Nevada	一九〇八	发行养育院债票案	可决	七七．一
New Mexico	一九一二	发行邦道债票案	可决	九〇．一
Oklahoma	一九一〇	Bryan 的选举法	否决	七三．三
Oregon	一九〇六	增加邦立大学经费案	可决	七三．〇
Oregon	一九〇八	改良狱囚待遇案	可决	七七．三
Oregon	一九〇八	拨款充国民军（Militia）兵工厂经费案	否决	七五．五
Oregon	一九一〇	邦议院参酌人民意见设立疯人院分院案	可决	七六．二
Oregon	一九一〇	邦议院根据宪法规定参照人民意见召集宪法会议案	否决	六九．一
South Dakota	一九〇八	禁止星期演讲案	可决	八四．六
South Dakota	一九〇八	必须同居一年始得提起离婚诉讼案	可决	八六．九
South Dakota	一九一〇	制定国民军的军法案	否决	七一．二

美国行使复决的情形和瑞士一样，人民表决议案的票数，总不及选举重要官员的票数那末多。我们看了上

表，被否决的案件竟有好几件，而最奇的就是 Oregon 之“邦议院根据宪法规定参照人民意见召集宪法会议案”亦被否决，是其人民对于政治问题之不及对于选举官员问题之注意，可无疑义了。

此外，在美国尚有所谓地方复决权（local referendum）的，即指表决地方案件或表决“在本地方施行之普通法律”的而言。其方法有三：（一）是邦议院所通过之特别地方议案，提交本地方人民复决；（二）是必须某市某镇或某县的人民采用，始能施行于某市某镇或某县之普通法律，提交各地的人民复决；（三）是城市的人民，借平民票决，取消参事会（council）所通过之议案。此种地方复决权在美国流行得很快，现在差不多各邦均已采用。要之，地方复决权，倘能用之于较小规模的地方，则讨论的机会越大，越易构成地方民众全体之真正的意见。

我们看了瑞士和美国行使复决权的情形，回转来不免要生出许多感想，盖以瑞士和美国的情形，尚复如是，他又何以云！

大凡人类的心理，不外二种：一是“有作用”，一是“好热闹”。好比邻家失火，我必定替他打电话呼消防队，以及各种凡可帮忙的，无不尽量帮忙。这不是我的宅心慈善，实因“有作用”的。因为我倘不把它速速扑灭，必定要延烧到我这边来的缘故。又，隔岸起火，我则爬到天台上去看，好像惟恐其烧不大的样子，所谓“火烧好看，难为东家”，这不必尽是宅心不良，原为“好热闹”之心所驱使的缘故。他如城外的草屋起火，门口的车夫打架，这些事于我既没有甚作用，而事又属

平常，自不能唤起我的注意。至于行使复决权的心理，大约也是这样。

关于复决权的内容，前面已经写过。不过，它的形式虽有好几种，而就一般的说来，所谓复决者，就是把立法机关所立定之法，付诸人民为最后的决定之意。它的意义既是这样，所以公民于行使复决权的时候，其手续自极简单：只要投张“赞成”或“反对”之二字的票便行。可是，由远点大点的地方想来，只这一“赞成”或“反对”之二个字，原也不容易下笔啊！譬如立法机关立定某种市债招募条例，提付复决，我们既不知其实在的性质如何，于我们的利害如何，条文的作用如何，政府的目的如何，复无共同集会讨论的机会，试问这张票怎么写呢？写“赞成”罢，却怕上当；写“反对”罢，又怕吃亏。因此，我深信将来行使复决权的时候，一般人不免要生出“有作用”和“好热闹”之二种不同的心理来。例如对于某种法律（如某种市债招募条例），有作用的人（如做公债买卖者和有关系者等）自然都会老早跑到投票场等着为赞成或反对之投票。其对于复决权之行使，从来没有看见过的人，也一定要跑去见识见识。不过，后者那一般人，他们到底投票与否，还是不能确定。为甚么呢？因为其来的唯一目的是在“好热闹”，并非“专为投票”。假使必要投票的话，充其量亦不过胡乱投张赞成或反对之票（甚或投张画些山水人物之类的废票亦不敢保没有）罢了。这是对于第一次行使复决权时的情形之推想。至于第二次、第三次行使的时候，恐怕比之第一次就要冷淡得多。除却有作用的人出来奔走外，其他没有作用的人，因为经见过，再不会像初次那末踊跃啊！为着这个缘故，我以为将来行使复决权时，必要弄出下列那几个结果来：

（一）有作用者之投赞成票或反对票；

（二）好热闹者之投废票；

（三）没有作用者之投盲目的赞成票或反对票；

（四）大多数选民之放弃投票。

由这样看来，则复决权之行使的前途，实在叫人不能乐观。惟是复决一权，为民权主义重要条件之一。论其功效，可以防立法机关之专断；论其作用，可以养成人民政治的教育之智识；论其目的，可以消弭革命之发生；论其制度，可以增长人民对于法律之责任心；论其效果，可以保全社会公共之富源；论其内容，可以保持人民和政府之感情；论其精神，可以适合权能区分之原理；论其界限，可以划清政权治权之责任。它既不同“城外失火”和我们“风马牛”之不相及，又不同“车夫打架”和我们痛痒之不相关；它其实和我们都有息息相密接之关系。所以我们对于复决权之行使，应认为是一种权利又是责任，断不宜投废票，更不可为盲目的之投票，至于放弃投票，则尤为罪过。抑更有进者：复决权之行使，乃社会公共福利之所在，民众全体权利责任之所关，人人对之都有作用。只是此种作用，乃是全体民众之整个的作用，不是个人单个体之作用罢了。明乎此理，则投废票之错误，盲目的投票之错误，放弃投票之错误，应可以明白过半。

虽然，不投废票是可劝而知的，不放弃投票也是可劝而知的，所不能劝者，却在盲目的投票之一点。为甚么呢？因为法律的种类非常繁多，而其内容又复极其复杂。人民倘无相当的法律知识，对于立法机关所立之法，未必都能了解。因此，又安保其无盲目的投票之事实呢？所以关于这一点，是很值得研究的。我对于盲目的投票之救济，计有三点：（一）先解决“教育普及”的问题；（二）立法机关凡立一法，应先将法律的目的和需要，详具说明书，宣布于众；（三）应由各团体组织一立法讨论会，聘请精于法理者常川驻会，以备民众之咨询（注）。

（注）见《民权主义》第六讲。

第四款　公民的义务

关于公民的义务，不外下列几点：（一）依法律有纳租税之义务；（二）依法律有服兵役之义务；（三）有负担偿还外债之义务，但中国境内不负责任之政府（如贿选窃僭之从前的北京政府）其所借外债，非以增进人民之幸福，乃为维持军阀的地位，俾得行使贿买侵吞盗用，此等债款，我们公民是不负偿还之责任的；（四）担任地方的名誉职之义务。前面已经说过，大凡担任名誉职的，是以在地方自治体和个人之间，能够生出特别的服务关系为条件，所以两者之间务要意思之一致。因此，对于名誉职之被选，在法律上亦认为是义务的性质，故负有就职的义务。

第三章　地方团体的机关（市的组织及划分附）

总理对于地方自治的解释谓："兄弟所主张的地方自治，是在兵事结束之后，把全国一千三百县，都画分开，将地方上的事情，让本地方人民自己去治。"是我们研究到地方自治，自应以县为着手。惟当研究县自治以前，对于我们国家之政治组织，实有明了之必要。兹先将这一点提出一说，而后再把县之地方团体的机关，详为说明。

我们国家的政治组织，是基自五权宪法所造成之五院制的政府。国民党之最高机关为中央党部，国民政府是在中央党部指导之下而存在的。兹将党与政府的关系，列图如下：

看了上图，对于我们国家政治的组织及党与政府的关系，可不解自明。惟其中关于市的组织，实有特殊的形式，在这里，不可不先为提出，略为一说。

市之组织有二个形式：（一）直隶于行政院的市——凡人民聚居的地方，具有下列［（1）首都；（2）人口在百万以上而非省政府所在地者；（3）在政治上、经济上，有特殊情形而非省政府所在地者］情形之一者，设直隶于行政院的市。（二）隶属于省政府的市——凡人民聚居的地方，具有下列［（1）人口在三十万以上者；

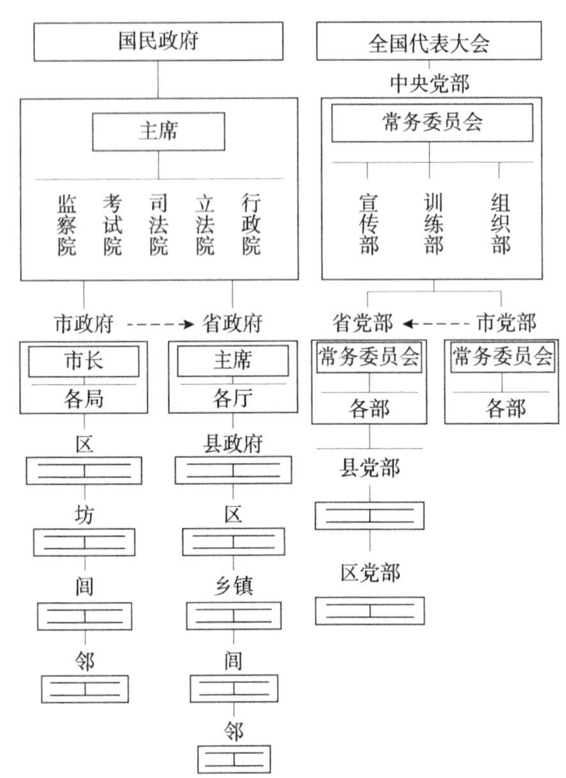

（2）人口在二十万以上，其所有营业税、牌照费、土地税每年合计占该地总收入二分之一以上者；（3）人口虽在百万以上而为省政府所在地者；（4）在政治上、经济上，虽有特殊情形，而为省政府所在地者］情形之一者，设隶属于省政府的市。市之划分如下：

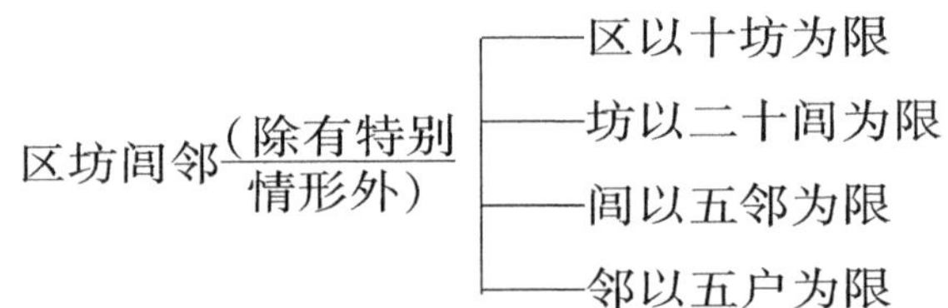

前项区、坊、闾、邻均各冠以第一、第二等次序——如第一区、第二区、第一坊、第二坊……之类。

市公民（公民二字注意!）在该区域内，无论迁入任何区域，自登记移转之日起，均有公民权。

市设市政府，依法令掌理本市行政事务，并监督所属机关及自治团体。

市设市参议会，由市民选举之参议员组织而成。市参议员任期三年，每年改选三分之一。市参议员为无给职。

市参议会设议长、副议长各一人，均由市参议员互选。其任期为一年，但得再被选。

市参议会每年开常会两次，但经市参议员五分之一请求或议长认为必要时，应召集临时会。

市下之区，设有区民大会。区民大会以本区之市公民出席投票行使选举、罢免、创制、复决之四个政权。区民大会每年举行一次，由区长召集（遇有特别事件，得召集临时大会）。

区设区公所，置区长一人，掌理区自治事务。区公所办理下列事项：

（一）区民大会决定应办事项；

（二）区民代表会议决交办事项；

（三）区预算、决算编制事项；

（四）区财政收支及公款，公产，公营业管理事项；

（五）其他法令所定应办事项。

区财政收入为：（一）区公款及公产之孳息；（二）区公营业之纯利；（三）依法赋与之自治款项；（四）市补助金；（五）其他经区民代表会议决之收入。

区财政之收支，应于每月中公布周知。

区长由区民大会选举，任期一年，但得再被选。

区长因事故不能执行职务时，其期间在二个月以内者，由所属各坊坊长互推一人代理；在二个月以外者，除推定代理一人外，并应改选。

区长为无给职，但得给办公费（是项办公费由区民代表会决定）。

区设区民代表会，由区民大会选举之代表组织而成。是项代表为无给职，每坊选举二人，每年改选二分之一。

区民代表会设主席一人，由代表互选。

区民代表会之职权如下：

（一）审核区预算、决算；

（二）审议市政府或区公所交议事项；

（三）审议所属坊公所提议事项；

（四）审议代表提议事项；

（五）其他应行审议事项。

区民代表会每三个月开常会一次，如区长或主席认为必要，或有代表三分之一以上之请求时，应召集临时会（此项常会及临时会由主席召集，每次会议期间不得过十日）。

区设区监察委员二人，于区民代表会闭会时，行使监察职务。其任期为一年，但得再被选（区监察委员由区民代表会于每年第一次开会时选举）。

区监察委员遇有下列［（一）区公所财政之收入有与预算不符或其他情弊；（二）区公所对于区民大会或区民代表会之议决案执行不力；（三）区长有违法失职］情事，应通知区民代表会主席召集区民代表会。

区监察委员得随时调查区公所之账目及款产事宜。

区之下设坊，坊设坊民大会。其职权如下：

（一）选举及罢免坊长及其他职员；

（二）议决坊单行规程；

（三）议决坊预算、决算；

（四）议决坊公所交议事项；

（五）议决所属各闾邻或公民提议事项。

坊民大会以坊长为主席（但关于坊长应回避之事件，其主席由出席公民推定）。

坊民大会由坊长召集，每年开会二次。其第一次大会于坊长任满一个月前举行；如有特别事件，得召集临时会（此项临时会，关于坊长应回避之事件，由坊监察委员会召集；关于监察委员应回避之事件，坊长延不召集者，由该坊过半数之闾长联名召集）。

坊设坊公所，置坊长一人，掌理坊自治事务。

坊公所办理下列事项：

（一）坊民大会议决交办事项；

（二）坊预算、决算编制事项；

（三）坊财政收支及公款、公产、公营业管理事项；

（四）市政府或区公所委托办理事项；

（五）其他依法令所定应办事项。

坊长任期一年，但得再被选。坊长为无给职，必要时得支办公费（此项办公费由坊民大会议定）。

坊设坊监察委员会，由坊民大会选举坊监察委员三人或五人组织而成。

坊监察委员会每月开会一次；遇有特别事件，得由主席召集临时会（坊监察委员会开会时由各委员依当选次序轮流充任主席）。

坊监察委员会纠举坊长违法失职情事，得自行召集坊民大会。

闾邻各设住民会议。住民会议，须有过半数住民出席，其决议须有过半数出席住民同意，方为有效（此项住民会议以各该闾邻之闾长或邻长为主席，但关于闾长、邻长应回避之事件，其主席则由出席住民推定）。

闾邻住民会议分别由闾长、邻长召集。如有十五户以上之要求，闾长应召集本闾住民会议。有三户以上之要求，邻长应召集本邻住民会议。

闾邻有需用经费之必要时，由闾邻住民会议决定筹集。

闾设闾长一人，承坊长之命办理闾自治事务；邻设邻长一人，承闾长之命办理邻自治事务。

闾长、邻长均由闾邻住民会议选举。

闾长选举由坊长监督。邻长选举由闾长承坊长之命监督。闾长选举日期，由坊长决定。邻长选举日期由闾长报请坊长决定。

闾邻住民会议开会时，应置住民姓名簿，由出席者签一“到”字或“符号”以其姓名之下。

闾长、邻长之职务为：（一）办理法令范围内一切自治事务；（二）办理市政府、区公所及坊公所交办事务。关于（一）项事务闾长、邻长应分别提由闾邻住民会议决定。

闾长、邻长任期一年，但得再被选。

以上既把市及其所属地方团体的机关之大概情形说过了，现在请专述县之地方团体的机关。

县自治团体，是人邻集合的团体。凡集合团体，必定有个合一之目的而为活动之主体。无论从社会上、法律上去观察，要不能没有一个统一的意思，否则，即不够为活动之主体。不过，人类既不能没有意思，则自治团体的意思，亦不能不从人类而出。当这个时候，组合自治团体之意思的人类，在其组成这种意思的地位，就是叫做自治团体的机关。凡有组织之团体，莫不有一定的机关，这全因为非赖团体的机关，则团体的意思将无从发生之故。

处在自治团体的机关之地位者，是为人类。人类依法之所定，表示团体的意思。这种意思之表示，虽出于人类之所为，但其效果，则不认为“表示这种意思的人类”之意思，而却认为“团体”的意思。因为这个缘故，所以人类在团体的机关之地位时，并非“人格者”。至于机关云者，正所以表明其非独立人格之意，所以团体的机关，非因其一己而存在，实因人类各尽其职分以相活动的。又，关团和团体之间，非有两个人格，盖因团体的机关，虽不能不有人格，可是，在这里，并非以其“固有之人格”而为“他种人格的团体”之代理，原是团体的人格，经由其机团而表现出来罢了。

明白了这一点，就可以悟到县既为公法人，那自然不能够由自己而活动的。惟其如是，所以自治体之活动，应有表现其活动的机关之必要。在一般地方制度上，关于这种的机关，分有两种：第一，决定自治体的意思之“意思机关”；第二，执行其所决定的意思之“理事机关”。这在前面已略为说过，兹将各机关之性质组织及权限次第提出详加讨论。

第一节　地方团体的意思机关

我们的地方自治，是以县为单位。县之地方自治体的意思机关，是为县参议会。

第一款　县参议会的性质

县参议会，是合议制的议决机关。其关于县之自治事务是依着法律之所定，为县自治体的意思之决定。所谓县自治体，乃住居县内之人的集合体，“以在县的区域内执行公的事务”，为其存在之目的；是“有承受统治之权”的法人。换句话，县自治体，是集合县住民之全体而成的。由这一点看来，便可知道县之地方自治体的意思机关——县参议会，和县住民的关系，同议会制的国家之国会和国民的关系一样。按之通说，皆以国会为国民之代表机关，则县参议会自亦是县住民的代表机关。

自治云者，原是住民自己处理其自己的事务之意，惟因实际上不能会萃全体住民于一堂，以从事于自治事务，所以不得不以选举行为，组织代表机关，俾之行使全体住民的职务。所谓县参议会，就是代表机关之一种。本此意义，县住民之全体，可称为县自治体之第一次直接机关，县参议会乃是第二次的直接机关而代表第一次之直接机关的。

第二款　县参议会的组织

关于地方团体的意思机关之组织，除却西历一千八百三十一年以前之法国拿破仑时代的州议会，曾采用“任命议员制度”以外，差不多都是出于地方住民的选举。我们的县参事会当然是由县住民所选举之参议员组织的，这读《建国大纲》第八条“……得选举议员以议立一县之法律……”便可了然。至于参议员之任期，或为二年或为三年，原无一定，据我的意思，似以三年为宜。至于参议员的任期，所以必以法律明定者，原以保障其地位上之权利，俾得克尽厥职的意思。

组织县参议会参议员之定额是以人口为标准。大约人口未满十五万之县，可定为十名，满十五万以上者，每人口三万可递增参议员一名，但至多不得过三十名。例如人口满十八万之县，应选出参议员十一人，由此递增至人口满四十五万之县，得选出参议员二十人；人口满七十五万之县，即得选出参议员三十人。自此以上，不管人口若何增加，参议员短数亦只三十人，不能再有所增加。

县参议会设议长、副议长各一人，由参议员用无名记投票法互选。互选议长时，何人为主席？又，议长、副议长之当选票额若何？这二个问题，应在互选规则内规定明白。

县参议会议长之任期，似应和参议员之任期同。议长因故出缺时，应即补选。其任期以补足前任未满之期为限。议长有事故不能执行职务时，由副议长代理。

县参议会，分通常会和临时会二种。通常会大概每年召集一次，于四月（?）一日开会。其会期为四十日（?），但遇必要时可以延长至二十日（?）以内。临时会会期以十五日（?）为限。通常会和临时会，是依其会议事件之性质而区别的。临时会以临时所发生之必要事件为限，得开会议决。至于法律上每年须经通常会议决之事件——如岁出入预算之议决，则不得交临时会办理。

每届参议员任满，必须改选，免蹈前此北庭国会议员（铁饭碗）之讥。

县参议会设于县长所在地。县参议员因故出缺时，以候补当选人名次在前者递补。递补参议员之任期，以补足前任未满之期为限。

县参议会参议员及参议长、副议长均为名誉职，但开会中得核给膳费。

县参议会得置书记（或秘书）二人至三人，由议长委任（?）。书记（或秘书）承议长之命，经理文书、会计、记录，及一切庶务。其薪俸额数及办事细则，由县参议会规定。

第三款　县参议会的职权

无论何种机关，均有一定的权限。权限云者，即法人的机关，得以表现法人之事务的范围。凡一机关对于其权限内的事务，不但具有处理的权能并负有处理的责任。所以从其责任上说来，机关的权限，也可以称为机关的职务；这里所称为县参会之职权的，就是合职务和权限二者而言。

县参议会，是县自治体之意思的机关。其职权自以议决事件为最重要，兹分别说明于下：

（一）议决县预算、决算及募集县公债事项——预算即事前对于以后收支之估计；决算即事后对于已经收支之结算。县公债，即由本县所颁募之公债。所谓公债，即政团收入，不足以供经费，乃自他借入以充当的便是。公债大可别为中央公债、省公债、县公债三种。县自治体的预算及决算，除每一会计年度之经费，出入之预算，预算之追加及更正，续继费及预备费之设置，特别会计之设立，须经县参议会议决外，其每一会计年度终结后，上年度经费出入之决算，亦须经县参议会议决。

（二）议决县单行规则——县单行规则，即只能适相于一县的规则。详细点说来，规则有通行规则与单行规则之别。通行规则系由中央制定，有普及全国的效力；单行规则乃由地方制定，只有及于一地方的效力。所谓县单行规则，则其效力自仅及于制定该规则之一县而已。议决县单行规则时，应注意的有一点，就是不可抵触中央及省的法规。否则，即属无效。

（三）议决筹办自治事务——县自治体系由自治之目的而成立的公法人，县参议会既为自治体之发展机关，则其应行议决之事件，自以自治事务为其最要之内容。所谓自治事务，其范围如下：（1）教育；（2）交通；（3）水利及其他土木工程；（4）劝业及公共营业；（5）卫生及慈善事务；（6）其他依法令属于县自治事务。

（四）议决县自治体不动产之买入及处分——不动

产，就是土地及附着于土地的建筑物之谓。不动产之取得方法，有购买、交换、受赠，或受质、受抵当等，但这都是属于取得不动产之法律行为。关于县自治体财产之经营（交换、受赠及买入都包括在内）须经县参议会之议决。至于处分，乃权利之舍弃行为，凡售出、交换、赠与、捐助等都属在内（他如质权或抵当权之设定，其足使不动产所有权丧失的行为，亦包括在其中）。

（五）议决县自治体的财产及营造物之经营及处分——（1）县自治体的财产，是以其目的为标准，可分为收益财产和公用财产二种。收益财产又称为财政财产（即以财政上之收益为目的的财产）。公用财产或称为行政财产，细别之，又可分为两种：其一，为直接供县自治体的公用之物件，如县参议会的议场，县政府的衙署等建筑物及其他之设备都是；其二，为供一般公众之自由使用或特定的人所使用之公物，及其他设备，如道路、桥梁、学校、病院、图书馆等都是。在这里，所谓财产者，乃指收益财产及公用财产（但公用财产中之第二种的公用财产是为营造物，应除外。至收益财产和公用财产中之第一种的公用财产均与营造物异其性质，所以列在财产科目中）而言。（2）县自治体的营造物，凡借特定的公共需要而集合财产之时，其财产之集合，即形成所谓营造物（establishment）。在一般，公共营造物多由国家或地方团体管理，所以成为公法上的财团，可称为“营造物法人”，如国立学校及其他特殊学校博物馆、图书馆、养育院、储金局、劳动保险局等都是。换句话，营造物者即以经营公的目的之事业之官署及其他机关，因为经营这些事业所需要之土地、资金，并其他对象及因为达这种目的之一切的手段之全体，作为单一体之观察者，是为营造物。又营造物有二种：一专以企业物件为主要之内容（即可以完成公的目的者），如道路、桥梁之类是；一于物的设备以外并需有人的设备（即需有特定的劳务，方足以完成公的目的者），如学校、病院等是。至于营造物之设置维持，乃属行政权之作用，所以营造物的主体必为行政权的主体（即公法人）。公法人之最重要的，为国家因而国家，成为当然的营造物之主体。但国家以外之自治体，因为也是具有行政权的公法人，所以亦成为营造物之主体，不过管理使用营造物的权限，则是属于自治体使用的机关而已。现在所说的是县自治体的营造物，按着以上所述，则其经营及处分，自应经由县参议会议决，方为有效。

（六）依法令之规定举行选举事项——县参议会之选举事务约有二种：（1）县参议会议长、副议长之互选；（2）各种职员之选举。

（七）陈述意见及答复咨询——（1）意见的陈述，县参议会对于地方行政和与县自治事务有关系的事件，得随时陈述意见；（2）咨询的答复，县参议会对于监督官署（即省政府）或县长之咨询事件应随时答复。

（八）议决其他凡依法令属于县参议会的事项——这些事项，有是关于县自治体之自治事务的，有是属于国家之直接行政而由国家委任于县参议会的。

第四款　县参议会的议事方法

要想明白县参议会的议事方法，须先要知道议长的职权。议长本是由参议员中互选而来，故其参议员之地位，仍然还是存在。不过，议长除以参议员的资格具有职权以外，其关于参议会内部之行政事务，有是专属于议长机关之职权的。其重要的：（1）议场秩序的维持；（2）议事的整理（如议事日程之编定，议会之关闭，及其他关于议事之一切预备及整理行为等）；（3）对外为县参议会的代表（县参议会，在原则上，对于外部并无交涉的权限，但依法律之规定，有时对于其他机关或有往还之事，如对于国家的官署具陈意见或答复咨询以及对于县长的行为，都是由议长代表县参会执行的）；（4）会议中的警察权（议长有指挥警察制止或处分紊乱会场之秩序者之权）。

议长的职权，既如上言，兹请说明议事的方法。关于议事的方法，可分三点：（1）关于提案者——县参议会的议案，除预决算系由县长提出外，其他一切议案县长可提出，县参议员亦可提出；不过，县参议员之提案须得二人（或三人）以上之赞同方行。（2）关于表决者——县参议员之表决，以列席参议员之过半数为准，可否同数时，取决于议长（这就是叫做采决权。因为议长和一般参议员一样，本有一票之表决权。至可否同数时，乃是于通常之表决权以外，更有所谓采决权者）。表决之回避，凡议案涉及参议员本身或其亲属者，不得加入表决之数。县参议会会议时，县长得莅会，或派员到会陈述意见，但不得加入表决之数。（3）读会及审查——按一般议会的议事通例，须经三读会，方能议决。第一读会是讨论大体，决定本案应否成立，而付诸审查，迨审查完竣，报告于大会，然后开第二次读会，为逐条或逐款之讨论议决后，至第三读会则为全案之表决。但第三读会，只能修改字句不能变更内容。

此外，尚有（1）县参议会非有参议员过半数之出席，不得开议；（2）县参会之会议，除有特别情形禁止旁听外，均应取公开方式之二点，是要注意的。

第二节　地方团体的理事机关

县之地方自治体的理事机关，是以县长及其补助机关构成的。

第一款　县长及其补助机关

第一项　县长

一、县长的选举

关于县自治的执行机关之县长，其由民选之好处有五：（一）为县长者必要和当地的人民接近，而为当地人民所信用的，因此县长所办之事，实在与人民有直接的关系，所以应由人民负对“人”之责；（二）县长民选与人民自治思想，可以合致；（三）可以促长被选为县长者之问政之心，而养其自动之力；（四）县长若系民选，则县自治之进行，可不受中央政局的变动之影响；（五）所有县长均由民选，足弭国家乱源——我国政客，不像欧美各国那样，都有资本家为其后盾，所以一旦失

却政权，即不恤借助于军人，乃致乱源终无止境。今县长既由民选，则中央之权分于省，省之权分于县，无异于中心的政治舞台之外，又分出千余处的小中心舞台。是凡人民均可退作乡里善人，且加实行地方自治之际，惟恐人才之不足，自不至如今日之恃政治为生活者，充塞于都会，惟恐无回旋余地。兹将选举县长的方式提出一说：每任县长之选举和该年县参议会参议员之选举，同日举行。选举县长的选民，适用县参议会参议员选举条例之规定。选民名册，以本年选举县参议员时所调查之选民名册为准（但遇改选县长时则依最近之选举县参议员的选民名册）。选举监督由省长委任（选举监督于其所监督之县，是被停止其选举权及被选举权的）。选举区以县参议会参议员之选举区为准。“开票所”设于选举监督所在之地，开票时由选举监督监视。每个选民以推举候选人一人为限，其推举书须详叙被推举者之籍贯、年岁、资历，于选举日期十五日以前，送由选举监督审查。凡有被选举权之人，有本县选民三百名以上之推举，经选举监督审查确定者，得为本届候选人（但当选人不以候选人为限）。选举监督于审查确定后，应依推举人之多寡，顺序列榜，于选举日期五日（?）以前公布于各投票所。推举人数相同者，其次序由选举监督定夺。倘选举无效，应经审判确定后，即行改选。倘当选无效，应经审判确定后，以得票次多数者递补。

二、县长的职权

县长乃执行县自治行政的机关，他是对县参议会负责任的，其职务如下：（一）提交议案于县参议会。

（二）执行县参议会交办之议决案——县长对于县参议会之议决案，认为有窒碍时，得于三日内，声明理由，咨请复议。前项复议，如有列席参议员过半数，仍执前议时，应即依议办理。（三）掌管县自治经费之收支——县自治经费，为下列各款：（1）公款及公产；（2）单行税（地税、房铺税、屠宰税、营业税、饭食店税、车马税、船舶税、戏院及其他游戏场税）；（3）附加税；（4）公益捐；（5）公费及使用费；（6）县公债；（7）县有营业之收入；（8）罚金；（9）省库给与之补助金。（四）依法令及县参议会之议决，得发布县令——县令是县长的命令，即依法律之授权而发布的命令。（五）于县会计年度（县会计年度，多依国家会计年度而行）开始前，预计县之岁出及岁入，编成预算案，于县参议会首届常会开会前三日内，咨交县参议会议决——预算者，本是政府于一个会计年度中将一切支出收入预为计算，俾作准绳的意思。在国家，凡政策之能否实行，国势之是否进步，只看预算的情形怎么样，便知其大半。不但在国家如是，即在地方亦然。县参议会原是地方团体的意思机关，所以对于预算的编制是要特别加以注意。兹特分为二点说明：（甲）预算的编制责任——预算的编制，系属行政权范围以内的责任，其编制的方法，大约有三种：（1）岁出岁入之标准，凡是县的正当收入（如租税等），是为岁入。一县的正当支出（如补助机关的经费等），是为岁出。这种岁入岁出，都要编入总预算之内。（2）总预算之区分，岁出等入总预算，应分经常、临时二门。经常岁入为正当的租税等，经常岁出为正当的已确定的各机关经费等。临时岁入为县公债等，临时岁出为公园建设费等。按之财政原则，经常岁出，须以经常收入充当，才是正当办法。其临时岁出倘能不以临时岁入充当，而以经常岁入岁出相抵之有余剩者充当，则更为高妙。(3) 总预算之参照书类，凡总预算于提出时，应附送参照书类如下：(a) 各机关所管岁入预计书；(b) 各机关主管岁出预计书；(c) 前会计年度之岁入岁出现计书。又，提出之预算可分为二：一为总预算（总括岁入岁出之全体，共分经常、临时二门），一为类别预计（岁入以各种收入分类，岁出以主管行政经费分类）。以上所说的预算，应作为法律看待才对。因为法律是确定的，县长倘有逾越其范围，或有不实以及瑕疵的事实发现，县长应负法律上的责任。(乙) 预算案的提出手续——预算的编制责任，既系县长的责任，则预算案之提出，当然也是县长的职务。其提出的手续，应照上列办法各具四份：一送县监察委员会，一送县参议会，一呈省长，一呈由省长转送财政部。先由县监察委员会审查后，附以赞成或反对或修改的意见，再送县参议会议决。县参议会接到预算书后，首先应问县长的政策怎么样；次则查其政策之是否合于地方的需要；次则参考岁入岁出预计书，核其岁入之数是否精确，岁出之数能否节俭；次则核其收支能否相抵，有无余剩；次则该各项税率之高低如何，那一种税应该征，那一种税应该废；更以地方人民负担的力量，来比较看如何。总之，审核预算，须交由委员中之富有财政学识和经验者，用最缜密的脑筋，慢慢地去稽核；务以监督财政为表现人民参政之权利为怀，以达地方自治之实，才是道理。(六) 处理全县行政——全体行政者，乃立法、司法、考试、监察之外之一切县行政，即为全县谋安宁、幸福之一切活动之总称。其种类大别为二：一为公安行政，一为助长行政。前者是消极的防止公共危害于未然，而以维持安宁秩序为目的；后者是积极的以增进地方人民幸福为目的。在助长行政之中，其关于征税、募债、管理公产及其他地方财政等事项的，是为“财务行政”；其关于健康医药的，是为“卫生行政”；其关于土地、农矿、森林、水利、道路、桥梁、工程、劳工、公营业等事项的，是为“建设行政”；其关于救贫的是为“救恤行政”；其关于教育、学术、宗教的，是为“教化行政”（教育行政乃教化行政之一部）。（七）监督县属地方自治——县长对于所属地方自治，应尽监督之责，如遇办理不善之处，应尽监督之责。

第二项 补助机关

县长之补助机关，除其所属职员外，约有四局——公安局、财政局、建设局和教育局。

一、县政府的职员

县政府设秘书一人，并依事务之繁简，设科办事（一科或二科）。科置科长一人，科员若干人（二人至四人）。此外雇用事务员及雇员，由县长自行酌定。

二、各局的职务

县政府之下，设有四局，各局的职务如下：（一）公安局掌户籍、警卫（注一）、消防、防疫、卫生、救灾（注二），及保护森林（注三）、渔猎等事项。（二）财政局掌征

税、募债（注四）、管理公产（注五），及其他地方财政事项（注六）。（三）建设局掌土地（注七）、农矿（注八）、森林（详前）、水利、道路（注九）、桥梁（注十）、工程（注十一），及其他各种公共事业之建设事项。（四）教育局掌学校、图书馆、博物馆、公共体育场、公园等事项，及其他文化社会事业。

以上四局，乃是按照普通情形而定，其认有缩小范围之必要的，可改局为科，附设于县政府内。至于卫生、土地、社会，及调节粮食各事，亦有设专局管理的；但这须视地方的财力之如何以为定，不能一概而论。

（注一）如防缉窃盗，弹压械斗，盘查行旅等事。

（注二）关于水灾、旱灾、荒灾以及溺死、缢死、冻死、压死、火伤、撞伤、跌伤等（这些也都算是灾，不过是灾之小的）之预防及救护的事项。

（注三）森林行政，本属建设局的范围，但防备森林之危害及保护。森林之安全的事，则是公安局的职务。

（注四）系指劝募县公债而言。

（注五）系指县的公产而言。

（注六）如仓社、义社之监督及农民银行管理之等事项。

（注七）即土地调查、土地测量、土地登记、土地使用、土地征收、土地改良以及平均地权等事项。

关于平均地权这一个问题，是非常重要的，在这里，我们实有把它单独提出讨论解决之必要。

本来白茫茫一片大地，可以说人人均有此权，也可以说人人均不能有此权。但是为着人们使用的结果，对于土地有某种的改造，大家对此改造的人们，不能不承认他们的相当权利，久而又久，便生了地主和地产的关系。

我国古代井田制度，是大家知道的，但这种制度到底从何而起呢？简单点说来，也不过是一部落的民族，利用着某地方的旷土，从事垦辟，到了垦辟成熟的时候，便据为本族私有，分给同族的人去耕作。不过，古史残缺，这些事实无法可考，但就比较的靠得住的来说，如《诗经》和孟子所说周太王迁岐的故事，便是一种左证。当时周家民族，已经由□处迁邠，复由邠迁到岐，这样地迁来迁去，试问都在自己的疆域以内么？我敢信为绝对不是的。他们无非利用他族的旷土，作自己的耕稼事业，恰好当时西方蛮族对于土地权，向来不甚注意，他们就把那土地收为本族所有，随后便计口分土，行那耕者九一的制度。由此推想到古代的一切田地制度，大约"不失之远"。到后来井田制度既废，兼并之术大行，耕者私有其田，更是由一族的地权，化为个人的地权，由国有的地权，化为民有的地权，由分封的地权，化为买卖的地权，这种变迁蜕化的情形，不但中国这样，就是世界各国又何尝不是这样呢？

专制时代，人民虽有地权，却不能算得十分稳固，所以有的时候，政府得用权力，强买民田，甚至可以不问情由，强夺民田。南宋时，贾士道❶做了宰相，主张设置公田，便把江浙一带良好的田土，用政府的权力勒买归官，弄到人民倾家荡产，酿成宋朝一个亡国的大原因。

明朝的皇室，都有庄田，皇子出封，有司必替须他置买庄田❷。万历年间，福王常洵❸受封时，因谓神宗皇帝特别爱他，责令有司替他买了许多万顷的庄田。这许多的庄田，说是颁发内帑向人民平价收买，但究其实亦不过发了极微的官

❶ 贾似道。

❷ 应为"有司必替他置买庄田"。

❸ 朱常洵。

价；而连这极微的官价，也是为经手人所侵蚀，丝毫到不了人民的手中。

满州人入关，又有所谓“走马圈地”的说法：其是满州统兵的头目，在京都附近五百里内，许他自由占领土地，随着马力所走得到的地方，便算他的业产。至于被占的田土，据说当时也有一种抵优的方法：就是把口外荒地拿来拨补。可是，那一个愿意把一片荒土，来换自己的世代产业呢？所以当时有许多被圈的地主总想设法挨延，不肯痛痛快快让出，政府便着地方官用强硬手段迫逼他们。中间有一二个爱民的地方官，顾念着人民的疾苦，不忍十分催逼，往往因此得罪了满州人。清初有个直省巡抚朱昌祚，是个清廉的好官，就因为办理此事，不甚尽力，把命送掉。巡抚尚且斩首，旁的地方官吏，可想而知。

以上所说，都是借着君主的威势，强占人民的产业，此外一般贵族、官吏和绅士，借着势力占人田土的，更说不尽。由这种种说来，可见从前人民所有的地权实在是非常不稳固。

现在对于人民的地权，已经有了法律的保障，就是收用土地，也是根据着一种条例，发给了相当代价。并且收用的动机，纯从人民利益方面着想。但是人民方面，经过了数千年专制政体的统治，对于此事，总不免怀着疑惧的心理。我们现在计划的，就是如何能使他们觉悟满意，不至别生疑虑；所以对于平均地权的办法，认为有从速施行的必要。总理所定的地方自治实行法，本有定地价一项。即，所有地价，悉由地主自行报定，经了报定以后，凡公家收买土地，悉照原价，不得增减。此法实极公允，盖因地价之增长，并不是靠着个人的努力，而是由于社会的进步（交通便利、工商业发达的地方，地价自然格外增涨）的缘故。从前数元一亩，无人过问的田地，经过十年以后，或者四五年，或者三四年，因着地方情形的变迁，涨到数百元乃至数千元，其至数万元，数十万元，都可以达得到。似此，大家劳心的结果，却让着一般地主，无思无维，坐享莫大的利益，这是何等不平的事！

现值训政时期，地方自治事业正在推行，一切建设刚要着手，对于订定地价，自应全国举办，所有各地方人民，应将土地价值据实呈报，由政府随时登记，嗣后知有买卖情事，只由新业主呈报，重行登记。手续既极简单，人民毫无惊扰，决不至发生何种的纠葛。

虽然，“非常之原，黎民惧焉”，关于平均地权的方法，固是简单易行，得是当着开始的时候，一切奥妙的道理，未能与民共喻，难保不发生误会。所以办理此事的人员，应该注意的：（一）须为最浅近的宣传，例如一切文告，只说据实呈报地价，不必说平均地价。（二）须用最简单的手续，例如人民呈报以后，只须随时登记，不必遽加以覆查及测量。（三）要使人民不感着痛苦，例如一切费用，均由政府筹措，勿向民间摊派。（四）要顺着地方的习惯，例如亩田大小、货币数量，尽可暂照原报者登载，不必妄加挑剔，等到第一步办妥以后，慢慢着将一切原理向人民宣传，随后再谈到测量地亩，更正登记，按价收买等事（至于具体的条规，应由当局者精密研究制定施行，此处不复多及）。

（注八）即农业之改良、矿业之保护及农民和矿山劳动者生活之增进等事项。

（注九）参阅第五章第二节第三款。

（注十）如桥梁之修理或设置等事项。

（注十一）系指公共土木工程而言。

第四章　地方自治的划分

我国的县，土地广大，乡镇繁多，于自治之施行上，殊有许多不便。按总理手订之《地方自治开始实行法》，劈头第一句就说："地方自治之范围，当以一县为充分之区域，如不得一县，则联合数村而附有纵横二三十里之田野者，亦可为一试办区域"，是足见总理对于地方自治，原亦主张划分的。

今照此义，划县为区，划区为乡镇，划乡镇为闾，划闾为邻，各于其地域内施行自治事务。而区乡镇并得于不抵触中央及省县法令规则之范围内，制定自治公约。兹特分别说明于下。

第一节　区自治

一、区民大会

区民大会，就是区公民之集合的大会（凡经乡公所或镇公所登记为乡镇公民者，即为区公民）。它是由区长召集的。其职权如下：

（一）行使选举权、罢免权、创制权、复决权。

（二）制定或修正区自治公约。

（三）审核预算、决算。

（四）审议县政府交议事项。

（五）审议区公所或区务会议交议事项。

（六）审议所属各乡镇公所或区公民提议事项。

区民大会是以到会区公民过半数之同意而决定的。它之开会方式，得分为若干会场，其第一次由区务会议决定，以后则由前一次之区民大会决定——前项区民大会之分场开会，应同日举行；其各会场之主席，由到会区公民推定。各会场应于每案详记并宣布可决否决之人数或票数，再由各会场主席，集合区公所核算总数，定其决议或当选。

区民大会开会或分场开会，得开预备会，整理或修正议决。

区民大会，每年开会一次，于区长满任一个月前举行，如有特别事件或区公民十分一以上之要求时，应召集临时会——前项临时会，关于区长本身事件，应由区监察委员会召集。关于区监察委员本身事件，区长延不召集者，应由过半数之乡镇公所联名召集。

区民大会开会期间，不得过六日。

二、区公所

区置区公所，其构成系采独任制，设区长一人，由区内居民选任。执行下列事项：

（一）户口调查及人事登记事项；

（二）土地调查事项；

（三）道路、桥梁、公园及一切公共土木工程之建筑修理事项；

（四）教育及其他文化事项；

（五）保卫事项；

（六）国民体育事项；

（七）卫生疗养事项；

（八）水利事项；

（九）森林之培植及保护事项；

（十）农工商业之改良及保护事项；

（十一）粮食储备及调节事项；

（十二）垦收渔猎之保护及取缔事项；

（十三）合作社之组织及指导事项；

（十四）风俗之改善事项；

（十五）育幼、养老、济贫、救灾等之设备事项；

（十六）公营业事项；

（十七）区自治公约之制定事项（注）；

（十八）财政收支及公款、公产之管理事项；

（十九）预算、决算之编造事项；

（二十）县政府委办事项；

（二十一）其他依法赋与该区应办事项。

（注）区自治公约之制定，须于第一次区民大会未召集时办理清楚。

区长任期一年，得再被选。其中途被选者，以继满原任所余之任期为限。

区长因事故不能执行职务时，其期间在二个月以内者，由区务会议推定乡长或镇长一人代理。在二个月以外者，除推定代理人外，并应改选。

区长在区民大会时，应办的有二事：（一）将任期内之经过情形，以书面报告；（二）提出上年度之决算及次年度之预算。

区长对于区居民之有下列情事：（一）违反现行法令者；（二）违反区自治公约或一切决议案者；（三）触犯刑法或与刑法性质相同之特别法，确有证据者（注）的时候，得分别轻重缓急，报告区务会议，或呈请县政府处理。

（注）关于（三）项情事，遇必要时，区长得先行拘禁。除一面报告区务会议及呈报县政府外，并应即时函送该管司法机关。

区长改选后旧任区长应将钤记、文卷、款产、契约，及一切物件分别造册移交新任——新任接收后，应具接收册，呈请县政府转报省政府备案。

区长的俸给，由县政府根据区民大会的决议，呈请省政府核定。

凡区公民年满二十五岁，具有下列资格之一者，得为区长的候选人：

（一）候选公务员考试或普通考试、高等考试及格者；

（二）曾任中国国民党区党部执监委员或各上级党部重要职员满一年者；

（三）曾在国民政府统属的机关，任委任官一年或荐任官以上者；

（四）曾任小学以上教职员或在中学以上毕业者；

（五）经自治训练及格者；

（六）曾办地方公益事务著有成绩经县政府呈请省政府核定者；

（七）曾任乡长、副乡长、镇长、副镇长或乡镇监察员一年以上者。

（但有下列情事［（一）现役军人或警察；（二）现

任职官；（三）僧道及其他宗教师］之一者，虽具有前项候选资格，仍应停止当选。其理由：（一）杜军警干政之弊；（二）杜职官恃势把持地方政事之弊；（三）杜地方政事宗教化之弊。）

前项候选人，由区公所随时调查登记，并于每届选举前三个月，造具候选人表册，呈报县政府，经县政府核定后，即行公布。其公布时期，不得迟于选举前一个月。

区公所得用助理员辅助区长办理区务——此项助理员，系由区公所选请县长委任。

区公所执行区务，得设置区丁，其额数由县长酌定。

区公所设区务会议，由（一）区长；（二）区助理员；（三）本区所属乡长及镇长组织而成。区务会议以区长为主席，至少每月须开会一次，由区长召集，并应通知区监察委员列席。区务会议审议：（一）区公所经费事项；（二）区公产之处分事项；（三）区公约及其他单行规则之制定及修正事项。这些事项均必须交由区务会议审议办理，否则便为违法，区监察委员因此即可行使弹劾权向区民纠举。

区公所除应设立高级小学以外，并应于公所所在地设立国民补习学校及国民训练讲堂。前项国民补习学校，每星期至少应有十小时的课程。国民训练讲堂，每星期至少应有四小时的讲演。其课程及讲演之主要科目：（一）中国国民党党义；（二）自治法规；（三）世界及本国大势；（四）本县详情。又，区公所对于各乡镇设立之国民补习学校及国民训练讲堂，应尽先补助其经费，并应派员分赴国民训练讲堂，演讲主要科目。

区公所得用助理员，补助区长办理区务——此项助理员，系由区公所遴请县长委任。凡区公民具有下列资格［（一）公务员候选考试或普通考试及格者；（二）经自治训练及格者；（三）在中学毕业或有相当程度者；（四）专习法政一年半以上得有证书者；（五）曾办自治事务一年以上，确有成绩，明了党义者］之一者，得遴选为区助理员。区助理员的名额及生活费，由区民大会决议。区助理员得分股办事——前项分股应规定在区自治公约中。

区公所为缮写文件等事，得酌用雇员——雇员之名额及生活费，由区务会议议决。

三、区监察委员会

区除设区长外，并设有区监察委员会。区监察委员会系由监察委员会五人（或七人）组织而成——区监察委员会，系区居民于选举区长时，同时选出。

区监察委员会的职权：（一）监察区财政；（二）向区民纠举区长违法失职等事。按五种治权中的监察权，是我们国家独创的制度，加以中国历来官吏的政治道德之堕落，已达绝顶，其救济之法，端赖监察一权。具此两个原因，所以我们研究地方自治的人，对于监察权，实有澈底了解之必要。兹特把它提出写个明白：

监察权（right of censorship）——总理在《民权主义》第六讲内说："像满清的御史，唐朝的谏议大夫，都是很好的监察制度。举行这种制度的大权，就是监察权"，可见总理所主张的监察权，实是渊源于中国原有的御史制度。所以要想明白监察权的精神，不可不先知道御史制度的内容：

按中国御史制度的内容，至为复杂。因为秦以前的御史，和秦以后的御史，其职权完全不同。

秦以前的御史是史官，多掌记事的职务。秦以后的御史是察官，多掌纠察的职务。

又，在唐宋以前，言官和察官，各自分立，所以给事中和御史台或都察院均不发生关系。那时谏官司言，专监督政府；御史司察，专监督官吏。

到了明朝、清朝的时候，六科给事中则隶属于都察院，听受都御史的考核，所以言官和察官合并在一起。

后来又因为明清皇帝专制日甚，言官没有实行封驳大权的机会，所以言官到了这个时候，事实上也变成察官了。

我们既知道御史制度的内容是这样，同时我们便可晓得总理所主张的监察权，是取从前的监察权之一种精神，并非采其形式的。又，从前的监察权其目的，是在替皇帝一人作耳目；而五个治权的监察权之目的，则是在替人民祛除违法溺职的官吏。这也是个不同的地方。

至于各代议制国家的议会，其所行使之弹劾权，虽和监察权是一样的性质，但是他们把弹劾权放在立法机关里头，没有独立的精神，因此时常生出毛病——总理在民报开纪元节庆祝大会上，曾说："……一为纠察权，专管监督弹劾的事。这机关无论何国皆必有的处理，为人所易晓。但是中华民国宪法，这机关定要独立。中国从古以来，本有御史台，主持风宪[1]，各国没有不是立法机关并有监察权限。那权限虽然有强有弱，总是不能独立，因此生无数弊病。比方美国纠察权归议院掌握，往往擅用此权，挟制行政机关，使它不得不俯首听命，因此，常常成为议院专制。除非雄才大略的大总统如林肯、麦坚尼[2]、罗斯威[3]等，才能够达到独立之目的。况且照心理上说，裁判人民的机关已经独立，裁判官吏的机关却仍在别的机关之下，这也有论理说不去的。故此，这机关也要独立。”这一段话就可以看出欧美各国所行使的弹劾权，是有很多流弊。至于五个治权中的监察权，因为是独立的，所以并没有他们那种毛病。这亦是我们监察权之一个特色。

在这里，我们还要晓得监察权的好处，不独可以惩戒官吏犯法于事后，并且可以防止官吏犯法于事前。换句话，就是监察权之行使，不独止在于摘发奸邪贪污，其实尚含有杜渐防微的意思。

前面已经说过，监察权原是渊源于从前的御史制度，不过，我们现在提到监察权之实行的问题，好像对于御史制度的“利弊”，不能不加以相当的研究，以为“去短取长”之计。

考秦以后的御史，都是独立的。凡有弹劾，都是由各御史单独执行，无论任何长官，都不能节制他，他亦不受节制。就是御史台的长官，亦不过是总管台内事务的长官，不是监督各御史行为的长官。《通典》上说：

[1] 监察、法纪部门。
[2] 即威廉·麦金莱。
[3] 即西奥多·罗斯福。

"故事大夫与监察竞为官政。略无禀承"，这就是御史独立之明证。又，御史弹劾向来只用其个人名义，不用都察院名称；并且可以"闻风弹事"，这好像现在的新闻记者之"有闻必录"一样。唐韦仁约说："御史衔命出使，不能动摇山岳，振慑州县，诚旷职耳。"御史的权威，于此可以想象。

看了上面所述，我们对市监察委员，可得个必不可或缺的条件：（一）独立精神；（二）不受长官节制；（三）对于大小官吏，均可弹劾；（四）对于机关有调阅挡案❶册籍之权；（五）对于政事得失、军民利病，有直具意见之权；（六）对于支出收入，有审查监督之权；（七）于必要时，有指挥军警之权；（八）弹劾不实，不受反坐。

区公所财政之收支及事务之执行有不当时，区监察委员会得随时呈请县政府纠正。

区监察委员会纠举区长违法失职时，得自行召集区民大会。区监察委员会，应设于区公所所在地。区监察委员违法失职时，由区民大会依法定秩序罢免。

区监察委员及候补监察委员，任期一年，得再被选。区监察委员的候选人之资格，与区长的候选人之资格同。

区监察委员会委员不足法定人数无可补充时，应由区民大会补选——补充或补选之区监察委员，以继满原任所余之任期为限。

现任本区及所属各乡镇之自治职员，不得当选为区

---

❶ 应为"档案"。

监察委员。

四、区调解委员会

区公所应附设调解委员会，办理下列事项：（一）民事调解事项；（二）依法得撤回告诉之刑事调解事项。关于（一）的，就是凡民事案件，皆可由调解委员会调解。关于（二）的，就是《刑事诉讼法》第三百三十七条所规定之自诉案件。其种类有二：（1）初级法院管辖之"直接侵害个人法益"之罪；（2）"告诉乃论"之罪。因为这二种自诉案件，被害人一面可自向法院起诉，反面又可于第一审辩论终结前撤回（但于第一审辩论终结后不得撤回，参照《刑事诉讼法》第三百四十七条）。惟虽为自诉案件，倘已经第一审辩论终后不得撤回者，那就不是这里所说之依法得撤回告诉的刑事案件。

凡乡镇调解委员会，未曾调解或不能调解之事项，均得由区调解委员会办理。

区调解委员会，由调解委员若干人组织而成——前项调解委员，于区公民中选举半数，于各乡镇调解委员中选举半数。区调解委员，由区民大会选举，但区长、区监察委员及所属乡长或镇长均不得被选。

区调解委员会的组织规则及选举规则，均由县政府制定。区调解委员违法失职时，区监察委员会得先请区公所停止其职务，再提交区民大会罢免。

区长对于区调解委员会办理调解事项不能调解时，应根据区调解委员会的报告，呈报县政府，并函报该管司法机关。

五、区财政

区财政之收入，为：（一）区公产及公款之孳息；（二）区公营业之纯利；（三）依法赋与之自治款项；（四）省县补助金。

区预算、决算，须经区民大会之决议，决议后，区公所应呈请县政府核定，汇报省政府备案——提出区民大会之预算、决算，应于开会一个月前送达区公民。其遇有紧急支出，超过预算时，应提交区民大会追认。

区财政之收支，应于每月终公布大众。

第二节　乡镇自治

一、乡镇公民

凡是中华民国人民，无论男女，其在本乡镇区域内居住一年或有住所达二年以上，年满二十岁，经宣誓登记后，均为乡镇公民——宣誓，须亲自签名于誓词，赴乡公所或镇公所举行宣誓典礼，由区公所派员监誓，其誓词如下："某某正心诚意，当众宣誓，从此去旧更新，自立为国民。尽忠竭力，拥护中华民国实行三民主义，采用五权宪法，务使政治修明，人民安乐，措国基于永固，维世界之和平。此誓，中华民国某年某月某日，某某（签名）立誓。"至于登记，不过将本人之姓名、年龄、籍贯、住址、职业等，记载于公民登记簿内而已。

二、乡镇大会

乡镇大会，为乡民大会或集民大会，即乡公民或镇公民之集合的大会。它是由乡长或镇长召集的，其职权如下：

（一）行使选举权、罢免权、创制权、复决权；

（二）制定或修正《自治公约》(注)；

（三）审核预算、决算；

（四）审议上级机关交议事项；

（五）审议本乡公所或镇公所及乡务会议或镇务会议交议事项；

（六）审议所属各闾邻或公民提议事项。

（注）《自治公约》即关于自治事项之一种公约。兹说明于下：

第一，《自治公约》的限界。其限界有二：（一）积极的限界。公约的积极限界，即指得以公约厘定之事项之范围而言。约有二种：一是关于住民的权利义务（除自治法及其他法律命令有规定者外，得以公约规定）；一是关于自治事务。（二）消极的限界。公约的消极限界，有：（甲）不得和中央、省、县的法令规则相抵触（凡法令规则已有明文规定的事项，即使关于住民的权利义务或自治事务，亦不得以公约复为同种类之规定。又不论何种公约，其规定倘和中央、省、县的法令规则相反的，便谓之抵触）。（乙）不得侵及中央、省、县立法权及命令权之保留。纵使属于得以公约制定之事项，倘法律规则定为应以国家之法令规则定的，不问现在有无此种法令，便不得复以公约规定。倘公约违背这个限界时则当然无效。这固不待法律之明文，亦不必经国家之取消行为。

第二，《自治公约》制定的程序。此种程序，可分三类：（一）提案；（二）议决；（三）发布。发布之方式有四：（甲）朗读法，即于人民多数集合之处所，朗诵立约者所制定的公约之法。（乙）登录法，即以记载公约的文字簿册，设置于一定之处，供一般公众阅览之法。（丙）揭示法，即于一定之处所，悬揭约条，供一般公众观览之法。（丁）分配或传观法，即以印刷或其他方法将公约的文字，复制数多之份数，按户分配或观传之法。（戊）公报公布法，即登公报或有名报纸，俾众周知之法。

乡民大会或镇民大会，是以到会公民过半数之同意为决定。开会时以各该乡长或镇长为主席，但关于乡长或镇长本身事件，其主席则由到会公民推定。

乡民大会或镇民大会，每年开会二次。其第一次大会，于乡长或镇长任满一个月前举行。遇有特别事件或乡镇公民十分一以上之要求时，应召集临时会——此项临时会，关于乡长或镇长本身事件，应由监察委员会召集。关于监察委员本身事件，乡长或镇长延不召集者，应由各该乡镇过半数之间长联名召集。

乡民大会或镇民大会开会期间，不得过六日。

三、乡镇公所

这里所说的乡镇公所，是指乡公所和镇公所而言，皆设于乡或镇之适中的地点。

乡公所，设乡长、副乡长各一人。镇公所，设镇长、副镇长各一人。惟乡镇户口在百户以上者，每增百户可增设副乡长或副镇长一人——例如四百户之乡或镇，则设副乡长或副镇长四人。又如三百九十户之乡或镇，则只能设副乡长或副镇长三人。乡长、副乡长、镇长、副镇长，均由乡民或镇民大会选任，并应由区公所呈报县政府备案。

乡公所或镇公所于现行法令，区自治公约及乡民大会决议交办之范围内，办理下列事项：

（一）户口调查及人事登记事项（注一）；

（二）土地调查事项（注二）；

（三）道路、桥梁、公园及一切公共土木工程之建筑、修理事项；

（四）教育及其他文化事项（注三）；

（五）保卫事项（注四）；

（六）国民体育事项（注五）；

（七）卫生疗养事项；

（八）水利事项（注六）；

（九）森林之培植及保护事项（注七）；

（十）农工商业之改良及保护事项；

（十一）粮食之储备及调节事项（注八）；

（十二）垦牧渔猎之保护及取缔事项（注九）；

（十三）合作社之组织及指导事项（注十）；

（十四）风俗之改良事项；

（十五）育幼、养老、济贫、救灾等之设备事项；

（十六）公营业事项（注十一）；

（十七）自治公约之拟定事项；

（十八）财政之收支及公款之管理事项；

（十九）预算、决算之编造事项；

（二十）县政府及区公所所委办事项；

（二十一）其他依法赋与该乡镇之应办事项。

以上各事项，均由乡长或镇长执行，惟办理第一款至第十九款事项须先由乡务会议或镇务会议议决。

（注一）"清查户口，不论土著或寄居，悉以原居是地者为准，一律造册，列入自治之团体，悉尽义务，同享权利。其本为土著而出外者，其家族当为之代尽义务，回家时乃能立享权利；否则，于回家时，以客籍相待，必住满若干年尽过义务，乃得同享此自治团体之权利。地方之人，有能享权利而不必尽义务者，其一则为未成年之人，或以二十岁为准，或以十八岁为准，随地所宜，立法规定之；此等人悉有享受地方教育之权利。其二为年老之人，或以五十岁为准，或以六十岁为准，随地所宜，立法规定之；此等人悉有享受地方供养之权利。其三为残疾之人，有享受地方医治、供养之权利。其四为孕妇，于孕育期内免一年之义务，而享有地方供养之权利。其余人人则必当尽义务，乃得享权利。不尽义务者，停止一切权利。故于清查户口时，须分类登记之，每清理一次，注明变更列入年册。"（录自《地方自治开始实行法》）

人事登记，即：将（一）出生——即出生者姓名，出生者父母，出生之年月日，原籍地，现住地；（二）死亡——即死亡者姓名，死亡时年龄，死亡之年月日，原籍地，现住地；（三）婚姻——即结婚男女之姓名，年龄，父母，住所，以及成婚之年月日；（四）继承——即继承人之姓名，年龄，与被继人之姓名，年龄，亲属关系，及继承之不动产总数，继承之年月日和现住所等；（五）分居——即分居者之姓名，年龄，分居之家数，分居后之日数，分居后所有不动产总数，分居之中见人以及现住所等；（六）失踪——即不知其所在者；（七）迁移——即迁移何处，及迁前之住所，分类登记。

（注二）土地，即指山荡、田地、沙涂而言。土地调查，即调查土地之亩分，土地之所在，土地之所有权者等。

（注三）教育有义务教育、幼稚教育、职业教育、师范教育、专门教育、大学教育、社会教育、家庭教育、残废教育、感化教育等，不一而足，所谓“其他文化事项”即指博物馆、图书馆等而言。

又，乡公所或镇公所应设（一）初级小学、（二）国民补习学校、（三）国民训练讲堂之三个教育机关。

此外，各按地方之需要，应普设民众学校。民众学校，就是为救济民众的愚鲁和贫困及改善民众的道德和生活起见，以最短的时期和最少的经费而授予一般民众所需要的教育之一个教育机关。

人民和社会，是有息息相联的关系。社会之进化，全看人民之进化如何以为标准。所以人民智识的愚鲁，就生出社会的“蛮风”；人民境遇的贫困，就生出社会的“恐慌”；人民的道德堕落，就生出社会的“暮气”。这都是现状下的社会之病症。

要想医社会的蛮风，自然要施文字教育。因为文字教育，可以增进人民的知识，知识一增进，则愚鲁之症，立可见差。要想医社会的恐慌，自然要施生计教育。因为生计教育，可以增进人民的技能。人民有了技能，就可自谋出路。一有出路，则贫困之症，立即撤销。要想医社会的恶象，自然要施公民教育。因为公民教育可以改善人民的道德。人民的道德能够改善，则堕落之症，可占勿药。要想医社会的暮气，自然要施艺术教育。因为艺术教育，可以引起人民娱乐的兴趣。人民一有了娱乐的兴趣，则生活干燥之症，可告痊愈。兹拟定民众教育的办法如下：（一）凡年在十二岁以上五十岁以下，无论男女，其失学者，均应勒令入民众学校。（二）民众学校的科目可分四点：（A）文字教育——三民主义、常识、历史、地理、自然、卫生等浅近读物；（B）生计教育——关于农业、工业、商业等的速成技能；（C）公民教育——关于伦理知识的浅近训育读物；（D）艺术教育——关于举行演讲、展览会，及演映有益身心之电影、演剧、音乐等之正当的娱乐；（E）民众学校的修业期限以五个月为度；（F）民众学校的授课日期及时间，于休假日及每日夜间施行，每星期至少须授课十小时；（G）民众学校不收学费及其他各费，其所用书籍、纸张悉由学校供给；（H）民众学校修业期满，应给予证书，其成续优异者，酌予奖励，至于具有天才者，则由学校转请政府补助学费，培成高等专门人材。

（注四）各乡镇均应组织保卫团，以保地方之安宁。其编制每闾为一牌，以闾长为牌长。每乡或镇为一甲，以乡长或镇长为甲长（每区为一区团，以区长为区团长。县为总团，以县长为总团长。区团甲牌于必要时，均可增设副长，襄办事务）。

凡二十岁以上四十岁以下之男子，均有入保卫团训练之义务。但有下列［（一）家无次丁者，（二）残废者，（三）心神丧失或精神耗弱者，（四）在外有职业或现任本地方公职者，（五）在校肄业者］之一者，得免受训练。

（注五）如创办公共体育场、国术馆，以及其他关于武艺之会（或社）等。

（注六）（注七）已详第三章第二节第二项“各局的职务”内。

（注八）粮食储备云者，即积粮备荒之谓。粮食调节云者，即调节粮食的产销之谓。乡镇长办理该事务，应预先统计一乡或一镇的人口，田亩及出产物。

（注九）垦即开垦荒地，牧即放饲牲畜，渔即采养水产之动植物，猎即以铳器、网罟或其他机械捕获鸟兽。

（注十）合作社，即以互助的精神，集合其利害共通之人，组为团体，以谋经济上之利益的意思，可分为农业合作、工业合作、交易合作、银行合作、保险合作、输运合作六种。

又，消费合作社的组织，在现在尤其是最重要的。甚么是消费合作呢？简单地说，就是大家出一点钱，公同去开一间大家每日所用的东西之店。那个店里头，柴、米、油、酱、鞋、袜、布、线，件件都有，其目的在谋社员（就是出钱开店的人）之公共利益。兹把英国1844年之洛其达尔（Rochdale）社的规约录下，以资参考：

本社以便利并改善社员之家庭生活及社会生活为宗旨，筹集相当资金，暂定每人出资一镑，企图实现下方之计划：

（一）建筑、购买或设备若干房屋，供给社员居住，以图改善其社会及家庭生活状况。

（二）筹设工厂，制造社会中准许之制造品。凡失业社员及受工资低减之压迫而不能维持生活之社员，皆可入厂工作。

（三）为谋社员之永久利益与保障，由社中购买或租赁一种不动产或土地，备失业报酬太低的各社员之耕种。

（四）在可能的范围内，本社将培植生产、分配教育、自治等力量。换句话，就是建立公益自治的机关，并扶助他社建立这种机关。

（五）因促进节俭卫生，本社俟资力充足时，将于社中设一廉洁寄宿舍，以供社员之需要。

按该社系由英国之洛其达尔市二十八名纺织工人所组织。每人出资一镑，以买卖社员生活必需品为主。社员多系欧文❶（Owen）的学生，欧氏乃英国的社会改良家，他译合作之义说："你将为你自己之商人，为你自己之制造者，能以廉价美物供给你自己所需要之一切物品。"威廉·敬

❶ 即罗伯特·欧文。

(William King) 说："伦敦、利物浦的商人和银行家之大财产，都无非是由社会大家的购买力而得来的利益而积集起来的"；总理在《民生主义》内，亦极力称扬消费合作社的组织，望大家对此格外加以努力！

（注十一）公营业，即以公共的名义，经营实业，而以其所得之盈余价值，经营育幼、养老、济贫、救灾、医病和其他公共事业之谓。

乡公所或镇公所事务，甚为麻烦，倘乡公所或镇公所职员不能了办时，得由乡长或镇长指定闾长襄助办理。惟指定与否及指定何人，均一任乡长或镇长自行决定。

乡长、副乡长、镇长、副镇长均为无给职——但有必要时，得支办公费。

乡镇公所每月至少开乡务会议，或镇务会议一次，由乡长或镇长召集（一）副乡长或副镇长、（二）各该乡镇所属闾长出席，以乡长或镇长为主席。此项会议须通知监察委员列席，并于必要时通知邻长列席。

乡长或镇长倘因公外出或因事请假，或因其他事故，致不能执行职务时，则由副乡长或副镇长代理。惟乡镇在百户以上者，每百户增设副乡长或副镇长一人，则户口繁多之乡镇，副乡长或副镇长，不只一人，在这个时候，应互推一人代理。

乡长、副乡长、镇长、副镇长之任期，不宜过长，似以一年为宜，但得再被选。至于中途被选者，以继满原任所余之任期为限。

乡长或镇长应将任期内之经过情形，以书面或口头报告乡民大会。

四、乡镇监察委员会

乡镇监察委员会，由监察委员三人或五人组织而

成。其职务有二：（一）监督各该乡镇财政；（二）向乡民或镇民纠举乡长、副乡长或镇长、副镇长违法失职等事。(注)

（注）余参照区监察委员会。

五、乡镇调解委员会

乡公所或镇公所均附设调解委员会，由乡民大会或镇民大会于乡镇公民中选举若干人组织而成。乡长、副乡长或镇长、副镇长均不得被选。(注)

（注）余参照区调解委员会。

六、乡镇财政

乡镇财政之收入有二：（一）私经济的收入，即乡镇自治团体以私法人的资格，对于其他经济主体，行平等的经济行为而得之收入。如（甲）各该乡镇公产及公款之孳息(注一)、（乙）各该乡镇公营业之纯利(注二)之类都是。（二）公经济的收入，如（甲）依法赋与之自治款项、（乙）县区补助金、（丙）特别捐(注三)之类都是。

（注一）公产或公款之孳息其种类有二：（一）天然的孳息，即果实、动物等的产物及其他依物之用法所收获之出产物便是；（二）法定的孳息，即利息、租金及其他因法律关系所得之收益便是。

（注二）所谓公营业者，如公共汽车、轻便铁路、电灯、电话、自来水、公共牧畜场、公共造林等事业都是。

（注三）特别捐和公债不同，公债是有偿的，它是无偿的。其募集与征收亦和公债相异，公债可得强制行为的，它则不得有强制行为的。乡镇募集特别捐，应先由乡务会议或镇务会议决定其总数，交乡公所或镇公所办理，倘乡公民或镇公民认为无募集此项特别捐之必要，得依法定程序，行使其复决权。

关于乡镇财政之收支，除由乡公所或镇公所编造决算、提经乡民大会或镇民大会通过后，应即呈报区公所查核汇转县政府备案外，尚应于每三个月终将收支公布一次，俾一般民众咸得周知。

第三节 闾邻自治

一、闾邻的组织

因为乡镇地方究竟还很广阔，倘只恃有数的乡镇长副之觉察，势难遍及而兼顾，于是乃有闾邻的组织之主张。

现于乡镇之下，既主设闾，但闾之下，邻居望衡对宇[1]，朝夕相见，偶有事情发生，耳目所及，自易周到，所以邻亦有设立之必要。

闾，通常以二十五户组成；邻，通常以五户组成。这就是闾邻的组织之范围。但凡一地方倘因地势或其他情形而户数不足时，仍得依着县政府之划定，而成为闾或邻。

闾邻经第一次编定后，闾之户数，增至超过三十五户，减至不满十五户，或邻增至超过七户，减至不满三户的时候，则均有改编之必要。其改编必须由乡公所或

[1] 住处相距很近，可以互相望见。

镇公所于每年闾长或邻长任满一个月以前办理。改编后，原有闾邻之号数，即须更正。至于闾之户数，倘增至未超过三十五户，或减至尚满十五户，邻之户数，倘增至未超过七户，或减至尚满三户者，皆可维持现状，可不必重行改编。

二、闾长邻长

闾设闾长一人，邻设邻长一人，各由本闾邻居民会议选举。闾长由到会居民七人以上之推选，邻长由到会居民三人以上之推选，经各闾邻居民会议过半数之同意，即为当选。闾长选举由乡长或镇长监督；邻长选举由闾长承乡长或镇长之命监督。闾长选定后，由本闾居民会议主席报告乡公所或镇公所，邻长选定后，由本邻居民会议主席报告闾长转报县公所或镇公所，统由乡公所或镇公所汇报区公所转呈县政府备案。至于闾长选举日期则由乡长或镇长决定，邻长选举日期则由闾长报请乡长或镇长决定。此项选举日期，乡长或镇长除于五日前公布外，并应报区公所察核。

闾长、邻长任期一年，但得再被选。其职务如下：（一）办理法令范围内之一切自治事务——本款事务，闾长、邻长应提由本闾居民会议或本邻居民会议决定；在未决定前，闾长、邻长不得擅自办理。（二）办理县政府、区公所及乡公所或镇公所交办事项——本款事务，不必提交本闾居民会议或本邻居民会议决定；因为上级机关委办之事务和自动办理之事务不同，原无更取决于居民公意之必要。又，闾长承乡长或镇长之命，掌理本闾自治事务；邻长承闾长之命，掌理本邻自治事务。此外，闾长除掌理本闾自治事务之外，尚应承乡长或镇长之指定，襄助乡长或镇长办理主管之乡公所或镇公所之事务。

闾长应将办理事务之经过情形，随时报告本闾居民会议及乡公所或镇公所。

闾邻居民会议有违反法令或自治公约时，闾长或邻长应报告乡公所或镇公所核办。

闾长、邻长均为无给职，但有必要时，得支办公费。

闾邻有需用经费之必要时，应由各该闾邻居民会议决定筹集。

闾长应将经费收支，随时报告于本闾居民会议及乡公所或镇公所；邻长应将经费收支，随时报告于本邻居民会议及闾长。闾邻经费收支除前项报告外，每半年应公布一次。

三、闾邻居民会议

闾邻各设居民会议，开会须有过半数居民出席，其决议须有出席居民过半数同意。此项居民会议，以各该闾邻之闾长或邻长为主席。但关于闾长、邻长本身事件，其主席则由到会居民推定。

闾邻居民会议之召集，可分三种：（一）由闾长或邻长自动的召集。闾长应召集而不能召集时，由乡长或镇长召集；邻长应召集而不能召集时，由闾长召集。（二）居民要求的召集。在闾有十户以上之要求，在邻有二户以上之要求时，闾长或邻长应即召集。（三）由乡长、镇长或闾长暂时的召集。在闾长未选以前之第一次的各闾居民会议，由乡长或镇长召集；在邻长未选以前之第一次各邻居民会议，由闾长召集（此项闾邻居民会议，以召集人为主席）。

闾邻居民会议开会选举时，应置居民姓名簿，各到会者签一“到”字或“符号”于其姓名之下。

闾邻居民会议，对于闾长、邻长有罢免改选之权。乡镇公所认为闾长、邻长违法失职时，得通告闾邻居民会议改选。但闾长、邻长罢免改选时，应由主管乡镇公所报由区公所转报县政府备案。

至闾邻居民会议之期间，至长不得过一日。

第五章　地方自治的运用

地方自治的运用云者，就是说地方自治体，对其本身的作用如何经营及对社会的现实如何活动的意思，即指自治之一切的工作而言。前数章既把我们对于地方自治体如何构成及构成之后应设何种机关之二点在大体上说明过；本章拟把地方自治体如何活动之大要，提出一说。不过，地方自治体之如何活动，是以地方自治体之所有的“自治权”为基础，所以第一先要把关于这种自治权之一二基础观念，探寻出来，而后再就各种自治运用之实际，略为一述，这是本章应有的顺序。

第一节　关于自治权的基础观念

第一款　自治权的基础

原来地方自治体，是以公法人的资格（即法律上的人格），而为“社会的生活”之经营的，所谓在法律上具有人格云者，其须受国家的法制之承认，固不待言；至其具有如何的种类和如何的范围之自治能力（即自治权），这自然也是要完全得到国家法律之承认，而后才定的。不错，地方自治体之存在，须得法律之承认。可是，不管法之存在之如何，它却是仍旧存在其存在的。这一点，原是一般学者多年以来所持的论议。不过，我以为无论把论议的对象放在怎么样的论点上，而其结论毕竟总不会有甚么差异的。为应社会生活之实际的需要，略去其生活关系，由多数的人共同集合，造出地方的集团。这个集团，以整个的“社会的存在”而生活而活动着。像这样，要否认地方团体为公法人，并要否制定规律这种公法人之地方团体的法律，原是没有甚么关系的。即，“社会的存在”，和在“社会的活动体”之关系上之实在的“地方集合体”，其毋须待于县制、区制、乡镇制之类的公法之制定，而我们在社会生活之必要上，固依然本来存在着，这一点也是不能不“是认”的。虽然，彼“社会的实在”之共同生活团体，其在公法生活关系上，具有怎么样之法律的性质，及具有怎么样之行政机能和权限，无论如何，总是以法制为前提的。换句话，即以“社会的实在”之地方的集合体，更为“公法的实在”所承认，和其所赋予之“公法的权能”，无论如何，都是以法制为前提的，亦即对其依着规定之力才实现出来之一点，不能加以“否认”的。因此，地方自治体其在“社会的事实”上，必定实在的，它并不单是法之拟制的。不过，为这种“社会的实在”所赋予之公法的人格以至公法的能力，非仰借于法律制定之力不可。即自治权本身，不管怎么样，总是在赋予给它之法律制度上打其基础的。所以对于自治机能之考察，劈头第一事，先要明白自治权和其基础的法规之关系。

默察今日世界之自治制的大势，在规定自治权之基础的法制，有二种的体系：一是个别的立法主义；二是概括的立法主义。个别的立法主义云者，是赋予地方自治体以权能的立法，而使之个别的施行。在个别的施行之方法之中又有种种的形式。例如英国，她是依着事务的个别立法，以一种法律，规定容忍地方自治体之财产管理权；又以其他法律，规定容忍课税权、起债权；更以其他法律，对于地方自治体，依着赋予保健事务管理权和教育事务管理权之方法加以规定的。又如北美合众国，则是依着团体特别立法之形式，特予都市以自治权，或对各市以立法赋予其自治行政能力的。反之，概括的立法主义云者，是规定关于自治体之共通的基本法，而在法制上，乃规定一切地方自治体之行政的权能之范围。欧洲大陆的地方团体法，可以说大概都是依着这种主义的。

前已说过，地方团体的自治权，毕竟是经过国家之承认而后才有。但必至如何的范围，始认为有自治权，这因国而异，不能一概论定。至于我们国家之地方自治体的行政机能，究是怎么样？要想解答这个问题，先要明白我们国家之统治作用。

我们国家的政治大权，共分两个：一个是政权，一个是治权。治权又可大别为五，如下表：

治权
- 考试权（Civil Service Exam Right）
- 立法权（Legislative Right）
- 行政权（Executive Right）
- 司法权（Judicial Right）
- 监察权（Censorship Right）

行政权——除立法、司法、考试、监察四权所及的范围以外，凡全体政府的组织，都一齐归于它的权力范围。

立法权——这里所说的立法权，和代议制国家所行使之立法权，其立脚点完全不同。代议制国家的立法权，是人民权，其目的是在监督政府；这里的立法权是政府权，其目的是在专门立法。

司法权——司法权之起原，比之行政、立法二权之发生，谁来得早？当在“真人”社会时代，人类都是逐水草而居，自然是没有国家的观念。不过，那个时候，常常有“过失的”或“故意的”之杀人或伤人的事实发生。因此，受害者的兄弟子侄，就要出来报仇。那末，第一次的加害者又变为第二次的受害者，而第二次受害者的兄弟子侄也要出来报仇了。这样循环的报仇，实在是当时社会里头的一个问题。于是乃有一般“长老”（old man）们出来调停：或是限制报仇的性质和程度，或责加害者以赔偿责任，以免报仇之循环无极，就渐渐形成法律的雏形。观此，可知司法权在很早的时候，就和人民的生命财产发生了直接的关系。凡解释法律、保障权利、审理诉讼、惩罚犯罪等，都属司法权的范围。

考试权——考试权是我们中国最先发明的。考之中国历史，考试是由改善选举制度而发生的。当秦的时候，就有了选举的制度，但当时并未定有选举的方法。及至汉朝，汉文诏贤良对策，是用考试和荐举两法并用。汉以前成周有乡选里举之法，是用选举。到了魏晋设九品官人法：用乡党批评，以区别人物；朝廷就用其铨第为登庸，也是用选举法。隋朝以后，则设学馆及州县二种，由学馆考试而来的为生徒，由州县考试而来的为乡贡。每年会于尚书省，用经义及策论去考试，合者即受以官，这纯用考试法。唐用旧制，惟对于考试科目，略有变更。后宋真宗在三甲以外，并增设六科。明朝以后，则设国子监，分乡试、会试、殿试三种。直至前清，则另设提督学政，专司考试之事。其考试方法，算是较有进步，这也可以算是考试权渐入完备的时期。现在欧美各国，均有采用我们中国考试的制度，不过，中国以前所施的考试权，和现在欧美各国所行使的考试权，其中实有不少的弊病。所以总理于公历一千九百零六年在日本东京神户锦耀馆内，《民报》开纪元节庆祝大会的时候，有下列那一段演说：

平等自由原是国民的权利，但官吏却是国民公仆。美国官吏有由选举得来，有由委任得来的。从前本无考试的制度，所以无论是选举是委任，皆有很大的流弊。就选举上说：那些略有口才的人，便去巴结国民，运动选举；那些学问思想高尚的，反都因拙于口才，没人去物色他。所以美国代表院中，往往有愚蠢无知的人，夹杂在内，那历史实在可笑。就委任上说：凡是委任官，都是跟着大统领进退。美国共和党、民主党向来是以选举为兴废。遇着换了大统领，由内阁至邮政局长不下六七万人，同时俱换。所以美国政治腐败散漫，是各国所没有的。这样看来，都是考选制度不发达的原因。

考选本是中国始创的，可惜那制度不好，却被外国学去；改良之后，成为美制。

英国首先仿行考选制度，美国也渐取法，大凡下级官吏，必要考试合格，乃得委任。自从行了此制，虽少有补救，也是不完全的。

所以将来中华民国宪法，必要设独立机关，专掌考选权。大小官吏必须考试，定了他的资格。无论那官吏是由选举抑或由委任的，必须合格之人，方得有效：这法可以除却盲从滥选及任用私人的流弊。

中国向来考选最重资格，这本是美意。但是在君主专制国中，黜陟人才，悉凭君主一人的喜怒，所以虽讲资格，也是虚文。至于社会共和的政体，这资格的法子，正是合用。因为那官吏不是君主的私人，是国民的公仆，必须十分称职，方可任用。但是考选如果属于行政部，那根权未免太广，流弊反多，所以必须成了独立机关，才得妥当。

我们看了这一段，再读总理在《五权宪法演讲》中之“在共和时代，考试则不可少。于是兄弟想加一个考试权。考试本是一个很好的制度，是兄弟亡命海外的时候，考察各国的政治宪法研究出来的，算是兄弟个人所独创”那几句话，就晓得总理所主张之考试权，是采集中外考试制度之精华及其独见而创获的结晶。兹将考试权的特色写出：（一）有独立精神；（二）可以救选举之弊；（三）无论大小官吏均不至滥用；（四）可以免除引用私人的流弊；（五）可以选拔真人才。

监察权——监察权不仅是一个官吏的弹劾权，此外还有许多行政的监督权（详前第四章第一节请参看）。

以上这五个治权，是以“各自独立不相牵制”为原则，这在第一章第一节第一款内，已经说过。但这五个治权的作用，究竟能否都委之于地方团体中之区乡镇，这自是我们研究地方自治的人，应行研究之一个重大的问题。

前面已经说过，行政的观念有两种：一是实质上的意义，一是形式上的意义。现在我们论到自治行政，由“形式上的见地”而言，则自治的范围，应只限于“实质的意义之行政”；但若由“实质上的见地”而言，则无论立法作用、司法作用、考试作用、监察作用之“形式的意义之行政”，固然都应包含于自治的范围之内。

按《国民政府建国大纲》第八条“……得选举议员以议立一县之法律……”，这是立法权应付地方团体的明证。又按现行《修正区自治施行法》第五十二条“区监察委员会于区长民选后设置之，其组织及职务依县组织法第三十一条之规定”，是地方团体亦有监察权了。至对地方团体而委以司法作用之例，考之各国地方自治制，既无所闻，而我国法制亦未见有规定，在这里，自难断定。惟德制对于城镇乡有容忍其设置城镇乡裁判所者，顾此项裁判所，只得裁判关于“价格未超过六十马克之财产上的请求案件”，我们固不能径认此为有司法权。又美国的都市，有设夜间裁判所（Night Court）专办关于“秘密卖淫的案件者”，这是属于警察作用，自不得认为司法作用。此外，如考试权，说到考试，原与学校是两件事。学校是培植人才的方法，考试是任用人才的方法。学校的目的是在培植未成熟的人才，考试的目的是在选用已成熟的人才。由这样看来，考试与学校虽是两件事，好像又是一件事。所不同者，只一是耕耘，一是收获罢了。但收获的事，应否委之于地方团体？这个问题，我们按之《国民政府建国大纲》第十五条“凡候选及任命官员，无论中央与地方，皆须经中央考试铨定资格者乃可”，便可知道地方团体，是没有考试权的。再说到行政权，按地方团体之有行政权，从表面上说来，好像乃是当然的，毫无讨论的间隙。可是，所谓行政原分有内政、外政、军政、财政四种。试问这四种政事一一都能委之于地方团体吗?我们要解答这个问题，先要明白外政和军政的内容。按所谓外政就是：（一）关于政治交涉；（二）关于领土交涉；（三）关于华洋词讼交涉；（四）关于禁令交涉；（五）关于外人传教及保护赏恤事项；（六）关于中外人民出籍入籍交涉；（七）关于通商行船及延募聘订事项；（八）关于关税外债交涉；（九）关于路、矿、邮、电交涉；（十）关于保护在外侨民工商及游历事项；（十一）关于各国公会赛会及游学事项；（十二）关于国书、赴任、交凭及国际礼仪事项；（十三）关于外国官员觐见及接待外宾事项；（十四）关于本国人民收受外国勋章及驻在本国之各国侨民等叙勋事项；（十五）关于修订各种条约事项；（十六）关于解释各种条约意义事项；（十七）关于调查外交事件事项等。所谓军政就是：（一）关于海陆航空军队配置事项；（二）关于军旗事项；（三）关于整旅计划之准备执行事项；（四）关于编拟战时各项规则事项；（五）关于要塞建筑及其用地并要塞地带事项；（六）关于军用、运输、通信、电气、电信、电灯、轻气球、飞行器事项；（七）关于军用枪炮弹药之制式筹划、支给、交换及检查事项；（八）关于规定及准备平时战事、军服、装具、粮秣等给与事项；（九）关于战时装具、炊具及洗马器具事项；（十）关于军法事项；（十一）关于各舰队事项；（十二）关于领海界线事项；（十三）关于万国航行通语事项；（十四）关于沿江沿海灯塔、灯杆、浮桩等事项；（十五）关于国防用兵一切计划及命令事项等。这些事务本来都是属于国家专属的事项，论其性质，自不得委之于地方团体。由这样看来，可知在行政之中，已有一半的政事，不归地方团体的范围了。此外，如财政事务中之征税事务，按之通例，原都是委之于地方团体的。至于内政事务，一般多分为“警察事务”和“保育事务”二种。欧美各国多认警权之一部分为自治事务而委之于城镇乡。例如德意志诸国，始终以警察事务为国家专属的事务，不认为自治事务；而日本本仿德制，故亦以警察事务为国家专属的事务。这是德日各国对于警察事务之委任之相异的地方。但我国和他们不同，自然仍是委之于地方团体。又，保育事务，亦称为助长事务，这无论何国（日本除外），心从利害关系之大小轻重，而由国家和地方团体分别担任，我国对此当亦不是例外。

要之，在五个治权之中，除考试权已明白规定不委之于地方团体，及其他各权的事务其有全国一致之性质者，均划归中央以外，其余事务凡具有因地制宜之性质者，一概都以之划归自治权的范围以内。这比之各国的自治权自是充实得多，也就是我们的自治权之特色。

第二款　固有事务与委任事务

我国地方自治体的行政机能之范围，是按事务的性质而决定的。即，凡有因地制宜之性质者，遍各地方团体，都受有国家所赋予之一种权能。因此，其内容便可分为固有事务与委任事务之二种。本来，地方自治体是为处理国家的事务，依着国家而保障其存在的，所以其一切的事务，是由国家发其源泉，至其处理事务的权能之基础，固不必说，自然是依着国家之授权。不过，地方自治体的本身，是有其由国家所界之独立的人格及其独立之存在的目的，它是要达到这种存在目的的。惟其因为要达到这种存在目的，所以自有其谋达这种存在目的之事务。像这些事务就是地方自治体自身所有之固有的事务。在这种关系上，国家之对于地方自治体，不过仅仅赋以一个目的而已，所谓事务云者，国家其实并未曾赋予过，因为这样，所以属于这一种类的自治事务，我们可以称它为地方自治体之固有事务。至于县制、区制、乡镇制所规定之“法令范围内之一切自治事务”，这莫非就是明定其具有办理固有事务的权能之趣旨罢了。

反之，所谓委任事务云者，并未包含有地方自治体存在之一般的目的，它是属于其一般的权能之范围以外的事务。换句话就是，国家或其他公法人把其存在目的的事务之一部，委由该地方自治体处理的事务之谓。县制、区制、乡镇制所规定之“某种机关所委办事项”及“其他依法赋与该自治体之委办事项”，这就是国家或其他之公共团体对于县、区、乡、镇依法把事务委任给它，命其负不得不处理之义务；同时，对于县、区、乡、镇并赋以处理这些事务的行政权能。又，这种规定，无论对于区、乡、镇也好，对于县也好，在这里，倘其他团体把事务委任给它的，就是对于其他的人格者命以义务，因此，在这种法律未制定以前，只得从权委任办理，其在将来，则非依法律不可。

固有事务，是包含地方自治体于存在目的上之必要的一切事务。其内容分有基自地方自治体之存在及活动之必要的事务与基自增进自治体人民之公共的利益之必要的事务之二种。其关于基自该自治体之存在及活动上之必要的事务之权能，则为组织权、法规制定权及财政权之三种；其关于基自增进人民之公共的利益之事务的权能，则为地方自治体之公共的劳务管理权之一种。至于委任事务，多是属于国家或其他公共团体的事务中之公共的劳务之管理的事务。兹把其主要的，举出一二例如下：

（1）对于区乡镇自治的委任事务，如国民小学校之设立，传染病院、隔离病舍之设立，种痘之施行等，这些都是以法律命令由区乡镇办理的事务。又如国税、县税之征收，也是以法律命令饬由区乡镇办理的。此外，如结核疗养所、职业介绍所等之设立，是由内政部长命办的。至于设立与否全凭区乡镇之随意的委任事务，则为高等小学校、中学校、图书馆等之设立是。

（2）对于县自治体的委任事务，其种类甚多，如中学校、师范学校、感化院等之教育设施，地方测候所、农事试验场、工业试验所、水产试验所、种畜场等之产业设施，以及精神病院等之卫生设施等（即所谓国家的公共劳务之管理之委任）都是。

此外对于固有事务与委任事务所要说的，就是地方自治体的事务之随意事务及必要事务与固有事务及委任事务之关系。在地方自治体的事务之中，有随意去做的事务与依法令之所规定而不可不做的事务之区别。前者叫做随意事务，后者称为必要事务。在原则上，区乡镇之固有事务，是为随意事务；而委任重务，多为必要事务。可是，倘认随意事务必为固有事务，必要事务必为委任事务，这是错误的。即，其依着法令所委任之事务，以为这是非办不可，像这种观念，乃是通常的状态。但依着法令所委任的事务，原不必限定是必要事务，盖因那种事务，有的时候，也许是属于随意事务的。譬如敷设水道的事，自是增进区乡镇之公共福利的事务，并不是受着法令之委任而办的事务，这原是区乡镇的固有事务。惟对区乡镇，令其敷设水道的情形，也是有的。在这种情形之下，水道之敷设，就不是随意事务，乃是必要事务了。因此可知在固有事务之中，也是有必要事务的。不过，反之，设立高等小学校的事务，虽是委任事务，惟高等小学校究竟和国民小学校不同，因为它在法令上，并不是非设不可的事务。其设立与否，乃是区乡镇之自由的。因此可知高等小学校之设立，乃是委任事务而属于随意事务的。

那末，在这里，我们对于委任事务，应加注意的，就是国家把其他公共团体的事务委任给区乡镇的团体办理的，与委任给区乡镇长之机关办理的，是完全相异之一点。前面不是说过，区乡镇长是理事机关，一切区乡镇长都是执行本区乡镇之意思机关交办的事务及国家、省、县并其他公共团体委任的事务罢。因此，关于国民代表之选举的事务，关于旅居的事务，关于兵役之征发的事务，这些都是委任给区乡镇长的机关之事务。至于建设高等小学校、国民小学校等校舍之事务，则是委任给区乡镇的意思机关之事务，并不是委任给区乡镇长的事务。又，小学教育之管理的事务，则是委任给区乡镇长之执行机关，并不是委任给区乡镇自治团体之议决机关的事务。

其次，说到地方自治体之自治的机能，按地方自治体之自治的机能，可分为行政机能和财政机能二种。依着这种区分的方法，于先前所说之关于自治机能之固有事务和委任事务两者之中，可将组织权、法规制定权、公共的劳务管理权等，包含在行政的机能之内，将财产管理权、支出财政权、收入财政权等之财政的管理权，包含在财政的机能之内。在这里，我拟把前者称为地方自治体的行政管理权，把后者称为地方自治体的财政管理权。这种名词，本来尚未十分成熟，但为研究关于地方自治的运用之便利起见，不妨把它这样地区分出来。以下的标题，也就是照这种的名词做去。

第二节　地方团体的行政管理权

第一款　组织权

一、组织权的意义

县区乡镇等之有行政管理权，其第一的作用，就是自治团体的组织权。

凡“人格者”都有规定其自己之组织的权利。即，国家有国家自己规定其根本组织之力。国家之组织，是依着关于国家组织的根本法之宪法（注）及附属于宪法的法规而规定其根本之组织的。又，就是私法人，如公益法人及营利法人等，也都有规定其组织的权能。譬如公司是以定款定其组织的，其理事为何人，总会怎么样召集，有设置监事否，这些事都是要规定的。又，财团法人是以捐款行为定其内部之组织的。这些，都是团体自身可以规定其自己之组织的权限，这就是基自组织权所行的作用。县区乡镇等的地方团体和这些是一样的，亦有自己规定其自身之组织的权限。不过，关于这一点，应加注意的，就是这些地方自治体所有的组织权，和私法人所有的组织权不同，它是受有非常之限制的。为甚么县区乡镇之类的自治体其组织权要受限制呢？这是因为县区乡镇之类的自治体，和私法人不同，其事务之内容和国家是有密接的关系。即公司等的事务之兴废，于国家事务之运行上，没有甚么重大的影响，而区乡镇的事务，其自身是具有“国家的”性质。国家本和其他的法人有异，所以在地方自治体之活动上，对此是要加倍注意的。地方自治体是这样和国家有极密接之利害关系的团体，所以国家对于县区乡镇等之组织，断不能放任各该自治体之自由意思的。于其重要的组织方法，国家自己必先规定其大纲。换句话，就是县区乡镇的组织之内容，甚至相当的细点，也是以法令规定的。例如县设县参议会，其执行机关为县长和各种补助机关，以及参议员选举的方法、执行机关的选任等，都是由国家以法规详加规定的。不过，全国的地方自治体，各各的事务，未必相同，倘把关于地方自治体的组织之全部，一一都归由国家以法律规定到底，是很困难，而且就实际上说来，也是不适当的。所以，在这里，法律对于县区乡镇，把其自己可以规定其组织内容的范围保留下来，如是，县区乡镇于法律所规定的原则之下，岂不是正当具体的组织行为之冲罢！

（注）溯宪法之起源：实权兴于英国。惟英国的宪法，历史家都说是远在千七百年以前，其制度已散见于日耳曼人种中，考古者不能确定其发端的年月。所以一般人每论及宪法之起草，多以一二一五年英国所发布之《大宪章》为最早。按所谓《大宪章》者，乃英国贵族迫约翰王所定。其主要之点有二：一为征纳租税，非得纳租税者之同意，不得强为征收；一为凡人民非依同等人民组织之裁判判定，不得擅处以禁锢、罚金等罪。英国人民凭着这个武器，民权得以日益发达。后来条文随时增添，人民之自由幸福，乃得坚确之保障。不过，英国国家之政治组织的宪法，是由"历史的"所成立之数个重要的法规（Statutes）——（一）大宪章；（二）人身保护律（一六七九年）；（三）权利章典（一六八九年）；（四）践祚令（一七〇一年）；（五）国家法（一九一一年）——习惯（Convention）及制度（Institutions）而成。因为未经编订成帙，所以叫做不成文宪法。近世成文宪法，首尾条贯，精心结撰，别乎寻常法律而自成章典者，当首推美国的宪法。自美国的宪法成立后，各国无不接踵相效。到了现在，除了英国之外，差不多没有一个国家，没有一套成文的宪治。

宪法既是规定国家组织和作用的要素，所以当民国元年，南京临时政府成立时，总理即想要参议院订出一种五权宪法。可是，在那个时候，一般议员，都不明白甚么叫做五权宪法，后来他们就立了一个约法。在当时总理以为这个执行约法，只是一年半载的事情，所以也不去睬它。那里料到，那些议员没有好久，就搬到北平，订出天坛宪法草案来！所以总理在《五权宪法演讲》中有"不料他们还是不顾五权宪法，还是要把自己的好东西都不要，这真是可惜"的话。考各国宪法的内容，至多亦不过数十典章，创制原非甚难，所难者，却在适用不适用这上面。假使不考国情，胡乱把别人的宪法抄了出来，以为敷衍，则不如没有宪法，倒见直截痛快。孟德斯鸠说：“法律与一国的气候、土地、位置、面积、居民的主要职业——如农业狩猎畜牧之类；宪法所容许之个人自由的范围——居民的宗教、居民的倾向、富的程度；人口、商业、风俗、习惯等，皆有极大的关系。进一步说，一国的法律，尤其与各法律的相互间之各法律的渊源，立法者的目的和适用法律的主体，互有关联”，法律创制之难，于此可以想象。

所贵乎好的宪法者，在能“制”能“行”。今倘只顾“制”而不顾“行”，则一旦颁布之后，责人民以纳税之义务，人民则以为苛；课人民以兵役之义务，人民则以为戾；甚且畀人民以选举、罢免、创制、复决诸权利，人民转委弃而不知享受；那末我要问，这种宪法要它做甚么？前之普鲁士宪法，所以欲颁而辄止，俄罗斯宪法所以虽颁而不能行的原因，都在于此啊！

近来有好些人在那里大喊大叫说，宪法乃是国家的根本大法，何等重要，断没有说，立国于现代，而没有根本之法而能使其国家之行为得上正轨者！你看北美之独立，法兰西之大革命，以至最近俄德奥帝国之崩溃，其革命后之第一大事件的第一大事件，就是召集国民大会和议定根本大法，奈何我们国家一直到了今日还未见有根本法之制定，说到五权宪法更不知卯年卯月可望颁布啊！这些牢骚，未尝发得没有偏面之理。可是，我之所怕，不是怕制宪之无日，也不是怕国家不畀权利于我们人民，我只怕我们人民没有立宪国民之资格和没有权利法律观之念。像日本矢野龙溪所说：“上有立宪之制，而下无立宪之民，是犹负蝼蚁以泰山”，这倒是可怕之焦点。

虽然，宪法者，原是人民权利义务之书。不知权利者，是为奴隶之民；不知义务者，是为未开化之民。二者皆不足以生存于立宪政治之下。所以甚么是权利？甚么是义务？凡我国民，自然都应该有个相当的认识。要想认识权利义务之为何物，那好像又要去看宪法了。

不过，我们建设新国家之程序，原分为军政、训政、宪政之三个时期。在军政时期内，施行军法。在训政时期内，遵照先总理遗教，以政权付托于中国国民党之最高权力机关，以治权付托于国民政府，俾造成我中华民国之宪政基础；在这个时期内，施行约法，到了全国平定之后六年，各县之已达完全自治者，才得选举代表，组织国民大会，制定五权宪法。由这样看来，我们今日之办自治，与五权宪法之实现，好像门户和中枢一样。要想达到中枢，必先经过门户；即，要想达到宪政，须自办理自治始。

二、组织权的内容

组织权的内容，有二个种类：第一，是规定“关于自治组织之抽象的原则”之权限。例如选举区之设定事项，各项自治机关人员的定额之增减事项，会议规则之制定事项，理事机关的名誉职之设置事项，理事机关的有给职之设置事项之类都是。第二，是决定“关于具体的情形之下之现实的组织行为”之权限。例如关于本自治体境界变更、废置分合的意见之陈述事项（倘不纳其意见而处分的，便是违法）。关于本自治体内公民权之赋予或停止之决定事项之类都是。

第二款　法规制定权

一、总说

地方自治体的法规制定权（即立法权），亦称为自主权。即限定关于自治体的权能之范围，得有制定“限制自治体之构成的权利并责令负担的义务”之一般的法规之权限。这种一般的自治法规制定权，乃是从来所容认的自治权。大凡地方自治体，都是本自这个自治权，以处理地方的公务，所以依着公务处理之必要，不得不赋以“得制定一般的自治法规”之权限。例如关于县税征收条例之规定，就是属于一般的自治法规制定权。所谓法规，原是表示人民权利义务的准则。其属国家所制定的，则取法律的形式，其由自治体制定的，则以“条例”的名称发布。不过，“条例”的内容，不必仅限于权利义务的准则，即关于本自治体的事务，亦得以“条例”规定的。

二、自治法规制定权的内容

前款所说的，是规定组织权内之关于自治组织之抽象的原则。现在所说的，是本自该原则所规定之条例。例如县会选举区条例，县会参议员定数增减条例，名誉职区乡镇长副条例，区乡镇公所设置条例，有给区乡镇长副条例，有给补助机关人员条例，县参议员车马费条例，各项委员设置条例之类都是。此外，关于“财政罚”事项，亦得以条例规定的。而关于使用费、手续费之类的事项及关于地方税、特别税之类的事项，则更非以条例规定不可。不过，有非关于住民之权利义务，而却是关于地方自治体之事务的，如基本财产蓄积条例和地方债条例之类，在事实上，也是要制定的。要之，不管该项事务为委任事务或固有事务，凡关于该自治体的事务，都是可以制定的。

惟是，条例的内容，有个限制。就是依着一般之行政法上的原则，以不得抵触法律为限制。其设置违背法律的条例，自属无效。可是，在这里，有一个疑问，就是于法律之外，尚有所谓行政官厅所发之命令者。把这个行政命令和条例比较一下，因为行政命令是依法律之委任而发的，而条例是依县制等的法律之委任由自治团体而发的，所以在“形式论理”上，好像命令比条例强。又，从来学者对于这一点，多以命令系国家的直接意思，所以自治体依着国家之委任，设定自治法规的条例，自不得和国家直接之意思所表示之命令抵触；但其间的效力，我以为也是有“没有甚么差异”之点。关于这一点，姑存一个疑义，且依从来的通说，不去武断下断语。

三、条例制定的过程

至于条例之制定，其手续恰和代议制国家的法律之制定一样，先由政府或议员向议会提出法律案，而后再由议会付之表决。这种条例的发案权，从来是属之自治体的理事机关之首长及县参议员的。

经过这种手续之后，即依照一定的公告式告示周知，而后对外就可发生效力。又，此项条例须遵照该条例所示之施行日期施行；倘无施行日期，则依公布之日施行。

四、规则与条例

最后说到规则与条例的关系。所谓规则云者，其实并未具有法规的性质。它是基自营造物及财产管理之主体而设的规定。例如国立学校的学费，是依各该校的规则任意规定，这自不是具有法规的性质。不过，在营造物之设置之中，有是国家之独占事业的（如关于邮政电信事项），有是强制人民使用的（如关于学校教育事项），凡营造物之管理，其直接关系于人民的权利义务者，固不得以规则任意规定。即，非以法规规定不可。因此，地方自治体，除属于独占事业（如使用自来水费）及强制使用（如国民小学学费）等之外，其关于医院、公园、图书馆、墓地之类，乃得以规则规定其使用费的。

第三款　公共的劳务管理权

一、一般的考察

公共的劳务管理权者，是指地方自治体“得管理各种之公共的设施”之权利而言。它是不分地方自治体之固有事务与委任事务，凡具有增进地方的公共之利益的目的之各种设施经营，都得有管理的能力。我们要晓得，地方自治体是依着国法，而保障其“公法人的存在”。其受国家所赋予之权能，不外于国家的事务之内，其带有“地方的性质”的，归由该地方的人民集团自行处理，因以增进地方人民的福利，如是而已。所以地方自治体的本质，常以管理地方之公共的劳务事业为主体。换句话，地方自治体，其存在之本质的意义，是在运用该自治体所受国家赋予之公共的劳务管理权，以经营各种公共事业，因以增进地方的公共利益。至于自治组织权、自治法规制定权及自治财政权，毕竟是地方自治体

为谋构成管理公共的劳务之必要的各种基础之权能。

本来，地方自治体，其当初，不过是处理“受中央政府所命之国政事务”而履行其义务之一个团体。其后渐次得着法规容认其自治的权能，乃成为行使权力之一个团体；更进跟着社会事情之变迁，循至以管理各种公共的劳务为其主要任务的事业管理之一个团体。换句话就是，地方自治体，其管理公共的劳务之范围、程度、种类等，全看地方自治体的自治机能之发达之如何，以为表示之标准的。

二、营造物行政

地方自治体，其为增进地方人民的福利所管理之公共的劳务，可由许多方面分类的。先由“经营方法”方面分类来，所分为“设施管理所需经费，完全由自治体之共同经济负担的”（即以租税收入，支付一切经费的）和“设施之管理所需经费，由利用该设施者负担的”之二种。更由“使用方法”方面分类来，可分为“利用该设施的利用者之自由，完全被解放的”和“使用该设施的人，以契约或其他方法，与管理者设定特别利用关系的”及“其利用是被强制的”之三种。又，由“以使用该设施者之负担关系为标准”分类来，可分为“以无偿主义，任由地方民之利用的”，及“使用者对于该使用，不得不为一定额之给付之有偿主义的”之二种。

不过，在地方自治体所经营之设施内，其以无偿主义以供一般之使用的，实有“自其无偿主义之设施的本身之性质看来，当然应该要这样的”及“在设施的本质上，并不是非无偿不可的，但以社会的实情看来，是以无偿为适当，因而作为无偿的”之二种。属于前者的，如道路、桥梁、公园、下水道等之设施是；属于后者的，如救贫设施、孤儿院之类之以社会事业为目的之特殊的设施，以及国民小学校、感化院之类之强制利用的事业是。像这样，由设施的本质与社会的实情观察来，原是依着无偿主义而管理的，所以其设置以及维持和修缮等，自非从地方自治体自身所出之款项去办理不可，所以其财源毕竟要取之于租税与其他的公款。并且，在这几种设施之中，像道路、桥梁之类，不管社会事情之如何，总是日常生活之必不可缺的东西；又像公园、下水道之类，于国民保健上，也是极有重要意义和价值的东西；至于像各种社会事业设施之类，跟着社会的事情与经济的事情之变化，在今日自也是显著地增大其重要性的东西。所以，地方自治体为谋增进地方住民之福利计，自应把这些认为属于首先非经营不可之种类的设施。但是，经营这些设施，同时，于这些设施之中，是要不少的经费，所以在企图这些设施的时候，先要以确立地方自治体之财政的基础，为其惟一重要的条件。

在基自有偿主义所管理之公共设施内，其有偿的限度，可分为“只可在该设施之设置和维持等上，支办必要的经费之必要的范围”及“不但要支给各种经费，且要进而达到相当之剩余的程度，以扩张其对于设施使用之给付”之二种。例如学校图书馆之类的教育设施，和“不必依着无偿主义之必要的社会事业”设施，以及保健设施中之水道之类的设施，是属于前者的；而电力供给事业、电灯事业、电车事业、瓦斯供给事业设施，则是属于后者的。

因为这样，所以在地方自治体所管理之公共的劳务内，乃有各种的种类。各学者中，有以完全无偿主义所经营的，称为“公经济设施”，以有偿主义所经营的事业之内，其自给自足主义的事业，称为“公营造物”，剩余主义所经营的事业称为“公企业”（经济学者）。又，其他学者其以“不论依着实费支办主义所经营的，和以剩余主义所经营的，乃至依着无偿主义所经营的，倘其设施是以特定之公益的目的，依着公法人而经营的，一概都可以包含在营造物的观念之内，该观念恰和公企业相当”为主张的人，也是有的（行政法学者）。在这些学者之中，其所持的议论，虽然各有其繁杂的学理上之根据，但在我看来，徒事议论，其实是没有多大的实益。不错，营造物这一个用语，其观念是极不明了的。又，这个用语或是德国之 öffentliche Anstalt 的译语，亦未可知。可是，依人取义，由来各殊，然多数学者，总是以德语为主脑。至其解释（前已详及），或作为“凡供公用而继续行为之‘物的’和‘人的’手段，皆为营造物”。像这种解释，其实也未见得妥当，为甚么呢？因为倘照这种意义解释，则径是公共的设备，何尝是营造物呢？要晓得所谓营造物者，乃是专就“物的手段之继续”而言；换句话，就是专就“地土”“物件”各种设备之存在时而言。在“物”的设备之中，例如道路、公园、墓地、河川等，只要有“土地”或“物件”，便可达到设备之目的。至如学校、医院之类的东西，则于“土地”“物件”之外，必定还要依着“人的手段”以运转，方能成立，可见这两种设备，都是形成营造物者。前面所谓“物的和人的手段，皆为营造物”，那末我要问，专依“人的手段”（纵能达到目的），亦可算为营造物么？例如区乡镇所设之公医、产婆、巡回教师等，一般多称为“人为手段的营造物”，试问这果合理么？大凡解释法律上的用语，总要不背于常识为宜，似此解释，未免太背于常识了。在这里，应行补叙的，就是“使用费”和“手续费”的区别。按“使用费”和“手续费”，其意味实有不同。对于使用营造物所征收的，称为使用费；对于办理事务所得的，称为手续费。在这一点上，对于使用费和手续费的区别，当可明白。那末，再说到本题：前面所说之公医、产婆、巡回教师等，他们所做的事务，不过是地方团体中的事务之一端，纵谓人的手段，可形成事务的，但亦不过形成事务而已，其能形成营造物么？自然不能。既然不能，则对于这些人所用的经费，只可称为手续费，其不得称为使用费，其理甚明。翻过来说，既不得称为使用费，则不得称为营造物，固不待言。我之对于营造物，所以不厌重复申述者，原以营造物的用语，在地方自治制上，最是广被使用的。因此，我总认定地方自治体之公共的劳务管理权之运用，似均包含在营造物行政的范畴。

三、营造物的管理

关于营造物的管理，是有种种的问题，兹将其中之二三主要的问题，提出一说。

（甲）营造物的利用关系

依着营造物的种类，可以成立种种的利用关系。第一是属于使用的，即无论何人，都得随意使用的，例如地方的道路，这大半都是用道路法之规定，以之属于国家的营造物。但使用道路，原是我们的自由。我们步行于道路之上，无须受许可之必要，亦不必要特许，自是随意可以使用的。在地方内所设立之公园及广场等，其在解放一般人使用的时候，其利用这些的，亦无取得地方的许可之必要。这是因为设置这些营造物的趣旨，本来是以供公众利用，为公众而解放为目的的缘故。如是，则我们所得自由使用之营造物，其数实不为少。不过，在这种情形之下，我们对于这些营造物，虽得任意使用，但究其实，并未具有使用的权利，所以对于他人走过这条道路而谓为侵害我之使用权，而加以排斥的，自是不合理。

可是，特殊的营造物，是设有特别使用之关系的。在这里，通常营造物的管理者和各个人之间，乃缔结契约，依着这个契约，而设定特别使用的关系。例如县立病院之入院，小学校学生之使用小学校，以及电车之乘坐，公会堂之使用之类是。像这样的情形，是我们大家都是和那营造物的管理者之地方自治体结有契约的。我们坐在电车内，如飞般赶到学校上课，这自然是市与我们缔结运送契约的。换句话，这种情形，就是因为营造物的管理者和各个人结了契约，乃生了营造物之特别的使用关系。这种特别使用的情形，就是明示使人使用该营造物的情形。我们因病入病院的时候，必先签好入院的契约书，而后才得入院之承诺。此外，不必利用请求之意思表示，对于公众，无论何人都得使用的状态，也是有的。这如电车之类，就是一个很适当的例。我们不是常常看见路上的电车都有“大众可坐”的表示罢！

关于营造物之特别使用关系，其应注意的，有一个问题。就是在特别使用的情形之下，有所谓强制使用的。这个被强制使用的情形，亦有种种。例如儿童满六岁非入小学校不可，这就是负有使用小学校的义务。又，如把犯传染病的人，收容在隔离病舍，这就是强制其利用地方自治体的营造物之隔离病舍。此外，如对于不良青年强制其入感化院或矫正院，像这样的例很多，不胜枚举。但这些都是积极的强制其利用的。反之，也有消极的强制其利用的。例如区乡镇内设立屠宰场，如是屠宰牛马时，自非利用该屠宰场不可。又，邮政、电信等乃是国家的事业，在寄信、打电报的时候，亦非利用国家机关的邮政、电信等之通信机关不可。像这样，可知在特别使用关系上，有积极的强制使用和消极的强制使用二种。

以上乃是利用关系的种类之第二。此外，尚有属于第三的，就是特许使用。在这种情形之下，设定有独占的使用权，即其使用权具有独占的性质。换句话，就是具有“可以排斥他人”之特定的力量。市是占有市内之道路的，依着这个道路敷设轨道，埋设瓦斯管，在这个时候，它是取得利用这种营造物之一个特许权的。如是，一面使用者对于营造物之管理者，应负义务的。至所负担的义务怎么样，这是按着地方各有不同，要之，对于该营造物非充分维持并保全不可。例如于道路上，敷设了轨道，对于该道路之维持或修缮，是要利用者办理，并负担缴纳使用费之义务的。

（乙）利用关系之法律的性质

其次，是利用关系之法律的性质。依着先前所说之种种的关系，乃弄出营造物之利用关系。但这种利用关系之法律上的性质究是怎么样？即所谓营造物的利用云者，还是都是具有公法的性质，或是亦有具有私法的性质之一个问题。这个问题，是个极难的问题，历来已成为行政法学者与民法学者争论之点，一直到现在，还是存着许多疑义。为甚么呢？因为营造物的观念，可作极广义解释的。倘从这个极广义的解释之关系上说来，则在营造物利用关系上，好像也有私法的关系之时候，所以不能谓一切营造物之利用关系，都是公法关系的。可是，怎么样的营造物，其利用是为私法的？要想把它区别出来，其结局除却从法律的实质去考察，没有别的方法。现在简单一句话：于其利用关系上所生之法律关系，倘其性质和私人相互间所生之法律关系是完全相同的时候，则该营造物利用关系可作为私法关系；而法律有所明示或公益上有所默示，其处理和私法关系相异的时候，则该利用关系可作为公法关系。像这样的区别，应该没有甚么大错么？那末，我们就可以按着这种见解，把学校图书馆等之使用关系，归于公法上，把电灯、电车等之使用关系，归于私法上。具此理由，更进一步，把私人经营这些事业的，拿来观察一下，尤为明白。在私人经营的事业之中，有公益事业和营利事业二种，这在前面已经说过。但无论其为私人经营或是公法人经营，而其事业本身之性质，总不会发生变化的。假使对同一性质的事业，认私人营的，为营利事业，认国家与地方团体营的，为非营利事业，这岂理之当？并且既同为营利事业，则其使用关系，除却另有特别规定以外，大概都是依着民法、商法的通则，而以契约成立的。譬如公园，自是归于公法上的，但倘以公园中之一部分，租为饮食店，或娱乐场所等之建筑地，这难道不是明明以私法上之使用关系而成立的罢！

（丙）利用关系的内容

欲知营造物利用关系的内容，非从利用营造物之人的关系和管理营造物者的关系这两方面去考察不可。

第一，先从利用营造物者之立场说来，营造物之利用，和一般被解放的情形不同，其依着契约关系所发生营造物之利用关系的时候，是以那个契约关系为法律原因，而设定使用权的。前面已经说过，地方自治体的住民，是享有“利用营造物之权利”的，可是所谓“有这个权利”云者，并不是说，因为是某地方的住民，所以具有利用权的；只是说地方自治体设定了营造物，对于该地方的住民，不得拒绝其利用，而把消极的义务，使其负担罢了。因此，无论电车也好，瓦斯也好，其为该自治体经营的，则该自治体的住民使用该自治体所经营的东西时候，非结有契约关系，是不能径得营造物使用权的。

第二，从营造物管理者方面看来，在依着契约关系，成立营造物之利用关系的时候，是要发生种种之法律关系的。其一，就是对于利用营造物的人，可以规定一个“如何使其利用”的规则。例如征收使用费，或是毁损营造物的时候，请求损害赔偿之类的规则是。但像这种规则，当然不能作为法规。本来，凡“非法规”的，于现代的法治国内，是不能限制人民之自由或使负担“新义务”。不过，对于立在营造物利用之一个契约关系之上的人，是以这个契约关系为基础，所以虽非法规，亦得以基自营造物管理权所定的规则，设个“使负义务”的规定。其二，营造物管理者，得征收使用费。这种使用费征收的事，纯粹由法律论说来，在关于使用费之征收的规定内，可以得二种规定的方法。即，依着通常单纯的契约关系时候，得以营造物规则规定的。例如病院入院的人，非付给入院费不可。不过，入院的事，乃是各个人的任意，自然不能强制人家入院。所以不以法规规定是可以的。可是，在强制的情形之下，例如不良少年之入感化院或学龄儿童之入小学校使受小学教育的事，则是强制的而使其负担使用感化院或小学校之义务的，所以对于入院费或授业费之征收，必定要依法规。以上乃是关于规定征收营造物使用费之法律的性质问题。即，在地方自治体内，关于营造物的使用费事项，非以该自治体的条例规定不可。倘地方自治体对于营造物使用费而以营造物规则去规定，那自然是违法的，但有的自治体，并未认有条例制定权，那怎么办呢？关于这一点，可规定一个关于使用费的细则，经由意思机关之议决就行。惟关于使用费征收之规定，须依使用关系之性质而区别的：即何者具有法规的性质，何者未有法规的性质？这种区别，是要弄得明白。

第三，依着情形，营造物管理者，对于营造物使用者，是取得命令权及惩戒权的。例如命精神病者之入精神病院以及院长对于该精神病者为一定强制之处分之类是。命令和惩戒，本来是非得法律之授权不可的，所以营造物管理权之作用，在特殊的情形之下，应予以像前面所说的那种强有力的权限。

（丁）损害赔偿

在营造物利用关系上，其和营造物利用关系相关联所发生之损害赔偿的问题，似亦有一说之必要。按一般民法的规定，凡工作物有瑕疵的时候，其所受之损害，应由工作物之占有者对于被害者负损害赔偿之责。这种关系仍是由营造物发生的。例如小学校内，因为运动器具有瑕疵，致使用该运动器具的儿童受伤的时候，被害者得以该器具的瑕疵为原因，向该营造物管理者请求损害赔偿。又如因为某小学校的游动圆木有障碍，致使用这个游动圆木的小学儿童因以丧命，这在法律上，该营造物的管理者，应负损害赔偿之责。如是，在这里，又发生了一个由营造物主体的设备所发生之损害赔偿的问题。例如有一条道路，这个道路以敷设工程之便，致使所有房屋比之道路低得许多，则道路沿线的住宅因以生出日常生活之种种的妨碍，这是由营造物之设置所发生之直接的损害，在这种情形之下，该营造物的主体对此非负赔偿之责不可。虽然，假使有道路因为其沿路的商况非常兴盛，致其他方面的道路受着影响，而该道路的商店，因此稍受损害，这是间接的结果所生之损害，营造物主体自然没有损害赔偿的责任。

四、公共的劳务管理权之限界

关于地方自治体所管理之公共的劳务之范围，以上业已说过。现在拟把其相关联之关于这些的权限之限界问题，提出略为一说。

（甲）地方自治体与警察权

在警察权之中有司法警察与行政警察的区别。而行政警察，例如卫生事务，建筑监督事务，及交通整理事务之类的事务，在警察权的作用之中，多是带有行政的性质，所以就着事务的性质说来，自应属于地方自治团体的权限。

（乙）固有事务与委任事务之混淆

地方自治体处理的事务，可分为固有事务与委任事务二种，这在前面迭经说过，不过其限界，要想明确地把它分别出来，是做不到的。但一般学者有勉为区分者，因此议论纷生，莫衷一是。兹一并把它写出，而后再加以批评：

（1）先天赋予说。此说系脱胎于天赋人权说的思想，意谓个人既有天赋固有之权利，则地方团体自亦不能例外。即地方团体，可于事务范围内，脱离国家之委任，而具有处理其先天所赋予之事务之权。这种先天所赋予之事务，是完全脱离国家而独立，是为固有事务；其由国家委任而始发生之事务，是为委任事务。

（2）团体具有说。此说系“一面提倡集权论，一面又承认地方自治”的学者所主张的。意谓一面对于地方大小政务，应悉听中央政府指挥；一面对于地方应有自治之表现，凡不涉及中央政务者，亦可按照情形处理。但其处理这种事务之权限，乃自国家委任之后才有的，并非其当然性质。因此，乃认定凡委任给地方自治团体自身去办理的事务，是为固有事务；其委任给地方自治团体的机关去办理的事务，是为委任事务。

（3）原始成立说。此说乃系现代一般学者所主张的。意谓地方自治团体是国家的机关，国家是畀以人格的，据此人格所发生之事务，是为固有事务；其成立后由国家特别所付与之事务，是为委任事务。

以上三说，关于（1）说，我以为天赋人权说，既不能成立，则该说在根本上已发生动摇。加以地方自治体必要依着法律而始发生，是其所谓固有事务者，在法律上业经失却根据。关于（2）说，竟认地方已有之“处理事务的权利”，亦是出自国家之委任，这未免太不合理。盖因倘如此说，则变成地方自治体的权利之委任与撤回，均操在国家，那无异把地方自治体视作官治之地方的官厅，此于“离开中央政府而行其独立不羁之活动”之地方自治的特质，将没却无余了。最后关于（3）说，虽较（1）（2）二说略为进步，但其以原先成立之事务，认为固有事务，似失之板滞。盖因地方自治体自成立以后，以其环境与时代进化之关系，或新发生一种可为该自治体之生存目的的事务，而这种事务又可归之于固有事务的往往而有。倘依（3）说，试问这种事务，将如何安置呢？

要之，地方自治体乃是强制的消费者之团体，其对于团体民之消费生活之必要的各种劳务之管理，原以提供设施为本质。所以对于委任事务和固有事务之界限，似以事务之性质，以为区分之标准，较为适当。例如团体民子弟之教养设施，团体民日常所必需利用的道路之管理，以及关于河川、公园、上下水道、湾港等之设施并关于交通、卫生、保安、经济等的事业之计划等的事

务，都应划归固有事务范围以内，断不宜以教育、道路等的事务乃属国政事务之故，而一概把“有因地制宜之性质”的事务，亦认为委任事务啊！

（丙）公共劳务与营利劳务的关系

关于地方自治体之行政的机能之实际的问题，现要讨论的，便是地方自治体之固有事务的基础条件之公共的性质与营利的关系。这个问题，从来都是以地方自治体可否经营营利事业之一点为论议的中心。一般对于地方自治体之可以经营营利事业之一点而加以是认的理由，则以法律之规定，对于地方自治体，本没有“禁止营利事业之经营”的明文，所以地方自治体依其自己之计算，以谋财政之援助，纵经营营利事业，在法理上，原亦没有甚么妨碍。像这种是认地方自治体可以经营营利事业的理由，我实不敢遽表赞意。盖因地方自治体是具有如何雄大的目的及神圣的理想之人格者，它除却设施“以其理想之实现为目的的事业”之外，决不会去干那营利的事业。其不干营利的事业，乃是它的本分。它所干的事业，乃是以救济地方民为目的的事业。要之，地方自治体的事业，没有一件与增进地方民共同之福利的事业不生关系。即以地方民之精神的并物质的之开发为主眼而设施的，今径以法律无明文禁止之故，而为地方自治体可以经营营利事业之理由，这种理由试问尚能成立么？要晓得法律无明文禁止之事甚多，难道地方自治体一一都可以经营吗？

然则，照这样说来，地方自治体对于营利事业完全不能经营么？曰：是又不然。总而言之，地方自治体之存在的目的，无论如何都是存在“努力增进地方民的福利之设施”上面。例如于地方内，建设小学校的校舍及各种的器具器械之备办，这乃是它对我地方的继承者之儿童，施以需要的教育，施以为国民的实际生活之必要的智识、技艺和精神的训练并充分地施以身体的锻炼之一种“温情”。又如以多额的费用改修道路、架设桥梁或维持一切，这乃是它对我存在于地方内的地方民企图交通以及各种运搬之便利的一种“赤心”。又如于地方内设立隔离病舍，这是它对我多数之可怜的地方民免罹危险病之传染之一种“慈悲”。他如消防队、水防队、图书馆、公共会场、劝业讲演会、蚕业讲习会、公共阅报室、公共浴场、养殖池、稚蚕饲育馆以及电力供给事业、瓦斯供给事业等，无一不是出自它之“增进我地方民之共同的利益而为经济上之发展”的“怀抱”啊！

不过，我们所应明了的，就是所谓“增进公益”云者，并不是同时对于“获得收益”这一点加以排斥的。譬如电力供给事业、瓦斯供给事业之类的公营事业，其经营之本来的目的，固在增进地方民的福利之公益，但同时亦可获得相当之利益。在这里，既不能以增进公益之故，而把该事业本身所获得之利益排斥去；更不能以该事业系属营利事业，而谓经营之者之目的是专在营利。具此理由，所以我们应认所谓增进公益的目的之观念与所谓收获利益之观念，两者乃是相并立的。这就是我对于地方自治体可以经营营利事业之是认的一个原因。

（丁）公共的劳务管理权之地域的限界

前面既把关于地方自治体之行政的权能之实质的限

界，略为说过；现在更进一步，把地方自治体之行政的机能之可作用的地域限界，提出考究一下。

不必说，地方自治体就是地方团体。其行政权能之可作用的地域，自是只以该自治体之管辖区域为限。它是以“不得逾越其范围而行使自治权于其他地域”为原则的（这恰像一国不能于他国的领土内行使其统治权一样）。不过这个原则，依着地方自治体所管理的劳务之性质，亦有难于适用的时候。

我们要晓得，跟着社会文化之发达，同时一般社会的经济生活，亦因之渐渐趋入复杂的境界，而关于社会之全体民的消费生活之社会的需要，自要随之增加。如是，地方自治体既是具有公共的性质之消费者团体之一种，那末对于这种烦多的社会之经济的需要之公共劳务，非加以充实之设施不可。因此，其结果，一切设施经营，即于劳务的实质上，或于其作用之关系上，乃生出论理的法律观念之严格的适用之情形。例如：（一）地方自治体因地方发达及地价腾贵所生的结果，对于地方民生活上之必要的设施，如公园、病院（尤其传染病院）、墓地以及尘芥烧却场之类的东西，其势将成为非经营于该自治体地域以外的地域不可之模样。（二）地方自治体为图地方民之交通上的利便，以增进地方的福利计，其所经营之电车、公共汽车、轻便火车之类的交通设施，自要延长到该自治体的地域以外之地域而经营的。（三）地方自治体对于地方民保健上所必需设施之水道，其水源地大半都要求之于本自治体的地域以外之地域的。像这些设施，无一不是现代的自治体所管理之公共的劳务之重要的部分，对此，倘仍为“地方自治体的活动，应只限定其地域范围”之主张，则不但是时代落伍者之迷论，即在实际的理论和事实上，也都是走不通的。所以前面所说那个“不得逾越其范围而行使自治权于其他地域”的原则，在这里，已完全失其存在的理由。

不过，地方自治体所得行使其行政权能的范围，所以必要局限于该自治体的管辖区域以内者，原以各地方自治体，一一都有其本身之管辖区域，故以甲自治体不得侵害乙自治体之自治权，为“一般的”之原则。因此，地方自治体是以不侵害其他自治体之自治权为条件。凡地方自治体对于其必要的公共劳务之管理，只要能够不违背这个条件，即跨入其他自治体的地域范围，也是没有甚么妨碍。为甚么呢？因为“劳务之管理”云者，并不是以权力为内容，所以即跨入其他自治体的区域范围，亦不得认为侵害其他自治体之自治权的。要之，当兹自治生活渐成复杂，一面关于自治体之行政的权能之地域的限界次第扩张的时候，于地方自治生活之推移上，对于这一点，尤宜注意。

五、公共的劳务管理权之运用

地方自治体，是权力行使的团体，地方自治生活之是否发达，专看其权力行使之得法与否以为断。而其权力之主要的，是为公共的劳务管理权，所以公共的劳务管理权之运用，是为当今之要着。不过，关于公共的劳务，其种类甚多，不能尽举，兹将其比较的重要的，略举一二端出来。

（甲）关于教育者

关于教育的事，前已略略说过，惟国家对于其自己所设立之小学校以及其他教育的营造物以外，并须使各地方自治体设立。即此一点以规则地方团体，对于教育事务和法理关系，好像又成为极复杂不清的样子。为甚么呢？因为我已再三说过，地方团体的事务，原有固有事务与委任事务二种。所谓固有事务，其目的是在增进团体民精神上、身体上和经济上之利益。即，纵无法令之委任，而地方团体在法令之限制以内，本亦视为自己之当然的权能，而任意可以施行的。所谓委任事务，是国家依着法令之规定，委给地方自治体，使其指定一个机关，作为国家的机关，以实行某种的事务。可是，地方自治体设立学校以及其他之教育的营造物，究属于固有事务呢，抑属于委任事务呢？又，其以地方自治体之理事机关的资格办理呢，抑以国家机关的资格办理呢？换句话，就是地方自治体关于教育事务之设施，其对国家立于何种关系呢？这也是在这里应行研究的问题。

说到教育事务，原是以直接增进人民之精神的利益为目的的，倘以普通的思想律之，则地方自治体所施行之教育，既以直接增进团体内居民之精神的利益为目的，那似当属于地方团体的固有事务。不过社会上精神的生活之良否，和国家全体之利害实息息相关，它并不仅为一地方之利害的。为甚么呢？因为本自教育之力，开发各人的知能，涵养各人的道德，以企图其精神的生活之健全，实为国家一般之公益问题，断非一地方的事情所得左右，其理至明。因此，所以教育事务，论其本来的性质，自为国家事务之一种，但以其设备之大小，需要之缓急，和其程度之高下等，有是依各地方的情形，不可强同者，有是其设备必须依着国家自己担当，而后才能达到教育的目的者。除这二者之外，其他一切自均应委之于地方团体使之设施，以适应各地方的情况。如是，地方自治体之事务中，所以乃有教育事务之存在的原因。

惟其如是，所以在政策上，关于教育事务的范围，有应行注意的：即泛称教育事务，其意甚广，不但学校、图书馆之经营，即美术馆、博物馆、通俗演讲会、学术讲习会等之种种的设施，也都包含在内。若使教育事务的意义而如此广泛，则这些事项又皆把它属之国家的事务范围以内。那末，设使没有得到法令之特别的委任，自治团体关于这些事项，便不得施行，试问自治体之活动的范围如此窄狭，其对于居民之精神的生活之进步，尚能讲求么？所以我们对于国家事务之教育，应把它作为狭义解释，即所谓教育事务者，只是指定关于学校和图书馆等的营造物事项而言。这些以外之一切教育的设备，倘无法令特别加以限制，自治团体可把它视作地方之公共事务，依其情况及缓急，运用其适当之管理权，这方不背自治之本来的意义。

本来在自治体内，有设立小学校的义务。凡自治区，依其区域之广狭，或限定一区，或连合数区而独立地经营其事务；又，财力不足的自治区，则由数个自治区互相连合以经营其事务。凡此种种，无论用何种方式经营，而小学的事务，则固为自治事务，毫无疑义。惟是，小学的事务，虽为自治事务，但在政策上，实具有全国一致的性质，且其事务，又为法律上的义务，所以如教育的方针，教科书的编制，以及营造物的设备等，都不可不依据“全国一致”之原则。但地方自治体对此，倘欲完成其设备，可于法定范围之内，如对于小学校之基本财产管理、捐款、征收学费等，得自行立定适当的方法。

此外，关于学校教育的，有幼稚园之增设，强迫教育之实行，职业教育之促进，以及私塾之改善或取缔等；关于社会教育的，有图书馆之设立，艺术馆之创办，公共讲演所之建设，动植园及博物馆之设置，儿童游戏场之设置，通俗讲演所之设立，公共体育场之设立，娱乐场所之改良或设置，一切邪僻小说刊物及违背本党党纲图书之取缔，以及平民感化院之设立等；关于平民及补习教育的，有平民学校之设立，平民读书处之助设，平民读本及刊物之编印，工商补习之举办以及平民工厂或习艺厂之开办或扩充等。

（乙）关于土木者

在学理上，“土木”二字是包括道路、水利、土木三者而言。它是国家及其他行政法人，为公共需用，以公共之计划而设施的工事。所以道路、桥梁之修缮，河川、沟渠之疏浚，以及房屋之营造等，凡以公共目的而设施的，都可以称为土木工事。

土木虽为公共需用而设施，但它不独只为国家之行政，而地方团体，或公共协会亦得计划而施行的。国家或地方自治体有时亦特许（注一）一私人为土木工事之设施。

（注一）特许者，即国家或地方自治体，对于私人之请求，特别予以许可，这也是设施土木工事之一种方法。在此情形之下，企业家于一定的期间，就其所设施之工事，使公众支付一定的酬金，它并非直接受报酬于国家的行政官厅或地方自治体之何种机关的。要之，特许者，乃是将属于国家的行政官厅，或地方自治体的机关之自身应办的事务之权利，抽出交与“特定的私人”办理之一种行政处分。所谓行政处分者，就是关于“实在事件”由行政主权所为“意思表示”而成立之一种行政行为，它并不是由国家官厅或地方自治体机关与私人之合意而成的。因此，它的法理手续，和工事承揽契约不同。承揽契约，乃承揽人对于国家官厅或地方自治体机关，依着契约所规定，并根据计划书所支付的金额执行，并约定事业之义务，而设施土木工事之一种最通行的方法。它是国家官厅或地方自治体机关和个人意思一致之结合。至于特许则是属于国家官厅或地方自治体之任意的行为，并非对于一方之提议，而表示一方之承诺的。又，契约承揽人，负有成就其工事之义务，同时国家官厅或地方自治体机关亦负有支付其工事费用之义务。说到特许，它就不是这样。它是除却被特许人负完了工事及其他法律上之义务以外，国家官厅或地方自治体机关并不负有何种义务。虽然，国家官厅或地方自治体机关，对于被特许人，有时亦补助其资本或担保其利息，但这乃是国家官厅，或地方自治体机关之特典，并不生有权利义务的关系。总之，契约和特许对于第三人之效力也是大有差异。契约的效力，依着普通法理，对于第三人不生效力，而特许则于一定范围内，是使被特许人代表权力之一部的，所以对于公众得征取一定的使用费，又为欲保全工事及执行其他事务起见，对于个人亦得行使警察取缔之权。惟其因为特许具有行政上之“代权行为”，所以与契约及单纯许可或认可都不相同。

对于以上所写的明白了之后，就可以跟着把道路、水利、土木之三者的内容，分别说明于后：

道路为交通要件，无论人民与车马，均赖道路而往来，即工商业之能否发达，亦惟良好的道路是赖。当有道路之始，不过粗杂之布置，仅供人马之往来而已。到了现在，则凡文明发达的国家，其道路均经逐渐完成，而构成之种类，亦因之以异。又，道路既为人马自由交通之线，所以不问其为陆路、水路、气路（即航空路）或属于公路和私路，我们皆可锡之以名，曰道路。不过，在法律上所谓道路者，原只限于陆路为公路。为甚么呢？因为水路与气路其性质与陆路不同，所以在法律上依着特别规定，私路虽为陆路，亦适用民律通则，至于公路之陆路，则有普通与特别两种。特别道路，例如铁路、轨路、堤防等是，皆受特别法规的支配，它和普通的陆路，是异其法律上之观念的，其依着道路法之道路是为普通道路。在这里，所说的道路，就是普通道路。

私路，就是在事实上供公众之通行的道路；公路，就是供公众之通行，而为法律上所公认的道路。土地所有者将自己所有地开放给公众通行，这原是属于各人的任意，像这种土地，在法律上，并未公认其有道路的性质，所以只算是普通私路。又，国有地或公法人所有地，例如陆军练兵场、铁路公司所有地等，事实上，只是供给公众之通行，并未为法律上所公认（在法律上只公认其单供特定之行政目的），所以此种土地，亦不得称为公路。所谓公路者，简单一句话，就是以供给公众通行为目的，而为法律上所公认者；换句话，依着国家或公法人，或依着国家之特别公开，而予公众之通行者之类的道路便是。道路之区别，自其使用上的目的言之，可分为人路与车路，自其为交通机关之地位言之，可分为干路与支路。但在法律上之重要的区别，并不在此，是在根据其经营者之主体而区别的。有为国家自己经营的，有为地方团体经营的，有为特许私人经营的，其由国家与地方团体经营的，如国道、省道、县道之类是，其由私人受国家特许之后任意开设之路，原无一定的名称。

至于道路之营缮，除国家自己所营缮的道路和一私人受国家的官厅及地方自治体的机关之特许所营缮的道路之外，差不多都是由地方自治体自己去干的。不过，地方道路之营缮办法，或依自治体之任意而决定的，或依国家之命令而决定的，原不一致。地方团体木其任意的固有事务，是有处理地方公共事务之权，因此，除却法令上别有限制以外，地方团体皆得依其任意之决定，以经营关于地方公共利益之各种公企业，现在既认地方交通事务为地方公共事务中之最显著的事务之一，所以地方团体当然握有营缮道路之权。又，道路营缮之“主体”，和道路用地之“所有人”，不必合一。就普通情形，道路的主体同时多为道路的所有人，详细点说来，就是道路之营缮的主体，每每依着买卖或土地收用或赠与等类的办法，取得该土地所有权，而后始为道路之营缮，这乃是常则的。可是，有时地方团体对于国家或私人的道路之营缮，常有把该道路之所有权保留下来，交给国家或私人的情形，在这种情形之下的道路之营缮的主体，自不得认为是国家的或私人的。再说明白点，就

是该道路的所有人虽为国家或私人，但其营缮之主体，则明明为地方自治的团体。这一点，甚易错过，务要格外注意！

说到营缮道路的经费，本是道路负担之一种。所谓道路负担，就是指“关于道路之营缮，自治团体或人民所负担之义务”而言。其属于团体负担的叫做“自治负担”(注一)，属于人民负担的，叫做“一般负担”或“特别负担”(注二)。

(注一) 自治负担，就是地方团体依着国家所定于适当的状态之下，负担有“营缮并维持道路”之义务之谓。这种义务，即地方团体营缮道路的负担。至其内容，或建筑道路，或扩张原有道路之道幅，或将屈曲之道路改正，使成直线或关于预防道路的危险之设备等都是。

这些道路之营缮的负担，应以怎么样的程度，分配于各地方团体，这多半是依着习惯而定。但在大体上说来，其分配之公平的，莫过于将“与全国之主要的中心点相连络”的道路和“与省或县之各中心点相连络”的道路归由省或县负担，其“专关于一乡镇之利害”的道路，归由乡镇负担。

道路营缮义务人，倘于营缮之际，有加损害于人民的情形，应负损害赔偿之责。此种责任有二：(一) 为根据适法的营缮工事损失补偿之义务；(二) 为根据不法行为损害赔偿之责任。关于(一)的，例如道路匀配之变更，致损及沿路居住人之有形的财产上之损失，这是直接出自道路之营缮之原因，所以道路营缮人应负赔偿之责(补偿金额有纷争时，与其他之损失补偿情形一样，仍归司法机关管辖)。关于(二)的，可分二点说明：一是对于第三人发生的，一是对于道路使用人发生的。前者例如工事施行之际，以不法程序毁损他人之土地、家屋或其他对象是。后者例如因为营缮义务之懈怠，致通行人陷于洞穴，因而丧命之类是。企业者对于以上所写之前后二者的情形，均应依着民法的原则，负损害赔偿之责。

（注二）关于道路之营缮，其有一般性质者，该经费应由人民负担。

关于道路之营缮，其具有特别性质的，约有四端：（一）沿路居住人，因此道路受着特别利益，同时就要因此道路负担特别义务。如道路之打扫，积雪之打扫以及撒水等是。（二）经营车业者，有负维持或营缮其所使用之道路之义务。如轨道营业人，依着特许命令负有维持或营缮其所使用之道路之义务之类是。（三）凡受特许营缮私设公路之人，对其所筑造及保存的道路，自有自己负担之义务。（四）“因道路而受特别利益”的人应负分担其维持或营缮所需之费用之义务。

此外，如街道之分类问题（即将街道分为交通要道，零售商业区街道，批发、金融、航务、小菜场、公事房区域街道，住宅区干路，住宅区之重要街道，通衢与公园大道及小巷等）、街道之宽度问题（即将街道计划其宽狭的问题）等，则各按地方的情形而定，不得一概而论。

其次，说到特别道路，所谓特别道路，就是一种的铁路。自广义说来，乃是敷设铁轨道于土地，依着蒸汽力或其他原动力，以运转车辆于该轨道之上，借得运送行旅货物之设备。这种铁路，和普通道路一样，也有公私之区别。譬如公的性质之铁路，可供公众交通之用，而私的性质之铁路（如矿山或大工厂等所私筑的铁路），则只供其一己的关系之专用。前者叫做公营铁路，后者叫做私营铁路。公营铁路，除由国家或公共团体自己敷设者外，尚有以下那两个性质——“收买”和“借用”——包含在内。所谓收买，就是依着公法上行为（有时亦依民法上买卖契约，但极少见），以国家或公共团体之单纯的意思，用相当价格，把属于私营铁路的权利，收归国家或公共团体所有。所谓借用，则是依着民法上契约而行，其所有权虽属于私立公司，但其管理经营权，实与一般公营铁路无异。至于私营铁路，系由私人所创之公司受国家或公共团体之特许而敷设的。特许程序，为暂准立案和正式立案二种。这二种立案，都是由铁路公司创办人呈请而行。

又，铁路在经济上的意义说来，可分为干线铁路、地方铁路与市街铁路三种。干线铁路，即国内之主要的陆上交通机关；地方铁路，是以地方交通为目的之地方的陆上交通机关；市街铁路，是以都市内部或其近郊交通为目的之都市的陆上交通机关。以上三者，除干线铁路应为公营外，其他则依地方情形，或归公营或准许私营，……❶

水利。按着原则，关于“水”的权利，土地所有人，因其具有土地之权利，所以对于地上及地下的水，都有支配权。不过，这个原则，在公法上，是受有许多限制的。为甚么呢？因为水为人类生活之必需品，而于农业生产上尤为要件；并且水系属流动性，而其水量之增减，动辄影响到他处水量，故其管理之法，和固定物亦大不相同，更加它具有强大的破坏力，所以对其防御，非有充分的设备不可。水之性质既是这样，所以对

❶ 原缺。

于水的权利，断不能依着普通私法上原则而论（或为公法所支配，或为私法所支配，各按情形而异）。

因为水的权利谁属，不能一定，于是乃有公水私水之区别的事发生。公水者，乃公物之水，是直接供于公之目的，而为公法所支配的。例如河川及其他流水等是（公用之水，是指流水及公共诸项的水而言）。私水者，是停滞于特定的处所，不向他处流动之水，它乃属于民法之支配，除受警察限制外，不受公法上的特别限制。例如家用井水和私有土地内之池泉之类是。又，公水更可分为属于公有之公水和属于私有之公水二种。前者为国家或公共团体所有，而供公用者；后者系私人所有，但以其直接供给公用，所以其权利，亦受公法上的特别限制。

在公法上，关于公水的主要问题有三：一为所有权问题，二为使用权问题，三为疏浚负担问题。这三个问题，与研究水利均有相当的关系，所以在这里亦把它提出讨论一下。

先说所有权问题。河川及其他流水，是否为“所有权标的”？这个问题，已成为各学者间聚讼之点。假使说为“所有权标的”的话，则其所有权究属何人呢？这在各国立法例上，极不一致。有谓流水为无主物，其所有权属于何人，本不确定，这一说可称为“无主物主义”。有谓流水为有主物者，其说又分为二：一谓属于国之公有，其利用权专依国权而定，这一说可称为“公有主义”；一谓沿岸地所有人，都有支配水权之权，这一说可称为“私有主义”。此外有主流水“不为”所有权标的的，意谓所有权者，乃支配有体物之权，水之所有权，自流水性质而言，固不得如固定物所有权那样，为“继续的占有”而支配特定物质之权。此说所主张之理由，一望而知其不充足。

近世各国，对于流水，除其供给公众自由使用范围以外，都不曾认其为无主物。其支配权或专属于国家或专属于私人（或依国家或该私人之容许，取得特别使用权），虽不一定，但无论如何，总是有所属的云。因此，对于流水所有权标的之解释，咸认其应和其他之“一般公物为所有权之标的”的相同，才是正当。至其所有权，属于国家或属于公共团体，或属于私人，这乃是各国之立法上问题，自难一致。然大概就“适用河川法”之河川，是取国有主义，其他河川湖沼等，则依习惯或取公有主义或取私有主义，各按情形而定。

次说使用权问题。流水本是天然物，它系以供给公众使用为本质的，所以非一人所可独占使用。不过，沿岸居住人，因为根据其居住地之原因，较之他人获有优先特别使用权，这乃是机会使然的。可是，其使用权，不是绝没有限制，至其限制之程度如何，则是关于公水的问题，在这里，自难确定。

最后说到疏浚负担问题。流水既系供给公众之使用，则为公益计，自应为适当的疏浚（或防御其危险），惟关于这些工作，应委之何人呢？这在原则上，自以委之于公共团体为宜。至于那一种的公共团体，方能负担其设施方针及何人具有指挥权，这也都是关于公水的问题。

看了以上，可以推到河川法之制定之必要了。

（丙）关于卫生者

我们国人之不讲求卫生，不止是现在的事，试读嵇康的“七不堪”，便可推想。本来，卫生者，乃是保全及增进人体健康的意思，其关系自极重要，所以在这里，特把它提出讨论。

大凡关于人体之研究，其目的各各相异，大约可分为下之几种：（一）解剖学——研究“身体的机关”；（二）生理学——研究“身体的机关和外界的资料之关系”；（三）病理学——研究“身体机关之欠损，原由外界资料之供给，乃生特殊之现象”；（四）治疗学——研究“对于身体机关之欠损如何治疗并资料的恶果如何袪除”之方法。凡此诸科，一总概括起来，便称为医学。不过，医学的目的，在关于个人的健康，而对于公众的卫生，并未论及。

在从前的时代，人口稀少，人我之交通未繁，一人之健康与否，原与公众的危害，不生多大影响。至于现在，则社会日见发达，交通复极利便，所以个人生活的状态，常为公众生活的状态所左右，因之一人之健康与否，不仅只至一人之祸福而止，必致成为公众的利害，这就是一般自治学者，对于公众卫生，认为和协同生存之社会实有莫大关系。又卫生行政，不但只谋地方人民之健康，其于户口之增加，国力之发展，社会上之经济，都是有极大关系的。

我们已经晓得，卫生行政可分为保健行政、预防行政、治疗行政、卫生行政机关之四项，兹分述于下：

第一，保健行政。保健行政是以保持公众健康之必要条件为目的的行政。凡设施上下水道、扫除污物、取缔饮食物及其他物品和屠宰场等事项，都属其范围。其内容如下：

（一）上下水道。据学者研究，凡最良之水，每一百万分中所含溶解物，不得至五百分；化合硫酸，不得过一百分；化合盐素，不得过四十分；有机物，不得过六十三分。至于水之硬度，最多不得过二十度，且含有铁质者良，含有铅铜砒等质者劣，但这须经过化学试验乃得明了。布设水道之水，关于水质之良否，是为当事者之第一要务。所谓水道，乃指应公众之需要，而为给水之设备而言，如自来水是。但其以给水于公众为目的的就是没有贮水池、滤水场、吸水等的设备，也可以称为水道。这些简易水道，就是供公众用水之营业的水井（其单供个人私用或一家自用的水井，不得称为水道）。兹特将社会上之公用饮料，分为自来水和井水二种，说明于后：

先说自来水。举办自来水，需费极大，营业亦不易发达，所以资本家多不愿独力投资。倘以此归由地方自治体自办，经营亦非易事，因此似以责成公司招股办理为宜。至其投股组织之内容，应加注意的：（1）股东应以中国人为限，凡影射外股的行为，均须严重取缔。（2）股本年利，务先为之规定，倘以营业之故，致股息无所出时，应筹的款，以作公司保息之用。（3）凡关水厂所用的材料、机器等之购运，应予免税以资维持。（4）须令储水只供二三个月之用，以备抗旱。（5）内部之矿水池、滤沙池、水楼、进水管、机器厂等的设备和外部之大小钢管、龙头等的设备，以及沟道河渠等之利用，须令预先勘明，有无窒碍。（6）公司遇有困难之事，应予补助或维持。（7）有必要时，应拨给或借与公地。（8）对于公司，应令负担下之义务：（a）供给消防用水。（b）自治体机关认有应设水管之处，公司应即添设。（c）自治体机关认公司所设之龙头有碍道路时，公司应即改设。（d）自治体机关派员检查水道工事及水质重量，倘认有改筑或改良之必要时，公司应即遵办；并于办理后，仍请检查。此外，尚有一点不可疏忽的，就是地方自治体对于水道有收归公有及收买之权。

次说井水。关于井水的水质，须派员详加检查。其检查的方法：（1）将本地方区域内的水井，一一编列号表。（2）用化学方法考验水之成分。（3）已检查之水，按照成绩优劣，分别“适用”“不适用”或”经煮沸后才适用”等字样，用木牌按照表列成绩，标立井旁易见之处，以便识别（其不适用的饮料水，并须另订专章取缔）。（4）商民得许可开井时，应遵检查手续会同办理。（5）化验水质用费，应由地方公款支出（即住户专有之井，亦须一律检查，不另收费）。

以上所说，乃是关于上水道的事宜。现在把下水道的事宜，提出略为一说。

下水道者，是为保持土地清洁，以疏通雨水、污水为目的所排设之排水管，及其他排水线路与附属装置之谓。凡设下水道的地方，该地方团体或土地所有者、土地使用者、土地占有者，有为疏通污水、雨水于下水道之必要之设施及管理之义务。又，依着下水道之筑造，于必要时，（1）有把雨水、污水通过于他人或其他自治体之土地之权；（2）有使用他人或其他自治体所设疏通雨水、污水的工作物之权。但在这种情形之不，须选择他人或其他自治体受害最少之场所及方法办理。又，使用他人或其他自治体的工作物，须视所受利益之多少，而负其设施和管理工作物之费用。

要之，这也是一个很重要的问题，将来应设法律——下水道法——规定才对。

（二）扫除污物。污物的种类，大约有尘芥、污泥、污水、屎水等。至于污物之扫除的范围，可分二点：（1）关于个人所有地、使用地、占有地之地域以内的污物，由个人负扫除之责；（2）关于公共地之地域以内的恶物，由地方团体负扫除之责。扫除的意义，从字面看来，本极简单，但广义地解释来，则范围颇广，如泼洒道路、浚沟渠、拉运秽水、秽土以及其他关于道路之清洁的事项，都可以称为扫除的事项。在这里，应注意的：（1）居民倾倒污水及晒晾肥料，须令遵照指定沟眼及处所。（2）粪车及负粪桶者，不准停留街上。（3）时时派员查明：（a）夫役之勤惰及人数有无欠缺。（b）关于清道夫头夫役之勤务及保持清洁之规定，有无违背。（c）使用器具，有无损失及不知爱惜情事。（d）夫役所着服装，是否整齐。（e）道路上有无污物堆积。（f）沟渠有无淤塞，或倾弃秽物而堵塞的情事。（4）容器须令覆以紧密之盖。（5）设置厕所须令将式样及地址报区核准。

（三）取缔饮食物及其他物品。因为饮食物于卫生有重大关系，所以对于有害卫生的物品之营业，均应严重取缔。不但饮食物如是，即饮食器、割烹器、装饰品等，于卫生上也是很有关系，所以亦应同一加以取缔。其取缔法令，约有二种：（1）概括的规定——如管理饮食物营业规则是；（2）具体的取缔规则——如汽水营业管理规则、牛乳营业管理规则之类是。先说概括的规定：

概括的规定，系采列举主义，例如："下列各项饮食物——（1）牛、羊、猪、鸡、鸭及其他禽兽等之病死或朽坏者。（2）鱼虾及其他水族之陈腐者。（3）各种瓜果蔬食之坏烂或不熟者。（4）浆酪饮料之陈腐及污秽不洁者。（5）酒品之加有毒质药料，如信石、鸽粪之类者（6）过宿之生熟食品，其颜色臭味皆恶者，不准售卖"之规定是。又，对于以饮食物为营业者之取缔，例如"凡以饮食物为营业者，本规则将适用之"之规定是。所谓营业者，可分为（1）饭庄、饭馆、酒铺及零售饮食物者；（2）大小旅店之供人饮馔者；（3）摆列棚摊售卖酒食物者；（4）挑担售卖饮食物而游行无定者之四类。至于取缔使用饮食器、割烹器及与饮食品有关联之其他物品，也是列举其名称；其不及列举者，则以"等类"字样以作概括。次说具体的取缔规则：

关于取缔饮食物的规则，自是很多，现只就其重要者列举一二，备作参考。

一、汽水之取缔。（1）取缔制造。制造各种汽水营业者，于开办之先，须呈请派员检查制造厂之构造、设备及其用水。经许可之后，其制造汽水所用之原料，如熟水、碱糖、果汁之类，俱有限制。至各种汽水所用之调制器、容量器等，凡接触于饮料水之部分，应加特别注意。（2）取缔贩卖。制造者的目的，即系贩卖。其在街市陈列储藏以贩卖为目的者，乃直接供公众之使用，此项销售场所，亦应加以注意。即凡有害卫生之各种汽水，一律不准贩卖。其禁卖之汽水如下：（a）污浊或变败者。（b）有沉淀者。（c）含有盐酸、硫酸、硝酸及其他游杂矿酸者。

二、牛乳之取缔。(1) 腐败牛乳之取缔。牛乳之成分上多含有窒素(其所含之有机物及磷酸、石灰最为细菌发育之培养基),细菌一入牛乳,即刻蕃衍,而吞食乳中之乳糖,复吐出而化为乳酸,因此发酵,卒至使蛋白质凝固而不能分解,故凡带酸味者,即为腐败的牛乳。倘以此饮饲小儿,必致生痢恶症,为致死之原因。其他牛乳,因乳房焮肿乃种[1]细菌之作用,致成为粘稠性而带苦味,或呈着黄赤等色。凡有此等变化之牛乳,即属于病牛乳理的变化,千万不宜饮用。欲防上列各弊,须注意下列各点:(a) 榨取之注意。凡当榨取牛乳之际,榨取者必先以水洗净其手,以免沾染恶物(制造者同)。又,榨取牛乳者,身体衣服均应清洁。至乳房上往往凝结牛粪等污物,虽经滤过,亦难尽行除去,所以当榨取的时候,应以温水洗净乳房。(b) 舍栏内之注意:牛舍内因有牛之发散物及粪便等,其中空气甚浊,当早晨及各期闭锁其掺气口,致生出极不快的奇味,所以畜牛舍须依牛之多寡而为相当之容积。(c) 温度之注意:榨取后之牛乳,有适于体温之温度,这最会使细菌类之发育繁殖,倘不使之冷至低度,则易至于腐败,所以榨取后,应令盛于清洁器中,使冷至摄氏八度至十度而后方可饮用。(d) 容器之注意:牛乳之容器量器,要使清洁,且宜令以煮沸及蒸气消去其毒(此项器具,禁用有害之金属)。(2) 病乳及初乳之取缔:凡患牛疫疽、传染性胸膜肺炎、流行性鹅口疮、狂犬病、结核、

[1] 原文如此。

瘟疮、黄疸、气肿疽、赤痢、乳腺病、浓毒症、尿毒症、败血症中毒、腐败性子宫炎及其他热性诸病之牛，其乳汁中含有病菌者，饮之必受传染，所以榨取牛乳之时，必须令由兽医检其有病与否，如有病则禁止贩卖。此外，并须令设隔离牛舍，以防传染他牛。又，牛犊生后未满七日之母牛，其乳亦不适于饮用（像这种牛乳，含有类黄色以至带褐黄色而为黏稠性，煮沸后即凝固，细胞组织中，含有所谓初乳球者）。（3）脱脂乳及煮沸乳、消毒乳之取缔：贩卖的牛乳有二种，一为全乳，一为脱脂乳。全乳云者，榨取后不去其脂肪之新鲜的牛乳是。脱脂乳云者，从榨出之乳汁内，取去其一部（或全部）脂肪的牛乳是。这种牛乳——脱脂乳——既无脂肪，自易腐败，所以应加取缔。至于煮沸乳者，即谓牛乳熟至摄氏百度或九十度，经过十五分钟时，才可饮用。消毒乳者，即谓牛乳榨取后，应除去其污物而为适当之装置，于十二时间以内，用法灭去其乳之菌，并以八十温度经时三十分之消毒为宜。（4）牛乳营业之取缔：牛乳营业，与公众卫生有密接关系，无论牛乳厂也好，奶茶铺也好，或以牛乳制造食品饮料也好，一概都认为牛乳营业者，须令开列下记事项：（a）店主的姓名、住址及雇用人的姓名。（b）营业所的地址及牛舍之宽广丈尺。（c）乳牛、种牛、犊牛的头数。（d）牛乳每日的出产量。

三、冰雪营业之管理。在事实上，食雪的人，还是很少，可不去提它；现在只说冰。冰有天然冰和人造冰之别。前者是利用天气之寒，使水结成的；后者是用机械制成的。因为冰之原料——水的性质常有差异，所以冰的性质亦因之而不同。譬如河水、泉水、湖水、井水或天然水制成之冰，必混有许多细菌，饮之自要得病。只有蒸溜水制成之冰，则无此患，但以其味过于淡泊，人多不嗜好；所以用自来水以人工制冰，细菌既少，饮用亦宜。至于冰雪营业之取缔，则有三点：（1）冰雪营业，须受地方自治体机关之许可。（2）关于采取制造或贮藏的场所之构造设备和管理方法，地方团体须设有必要之规定。（3）违背规定，应予以相当之罚办（罚金并得令其停业或歇业）。

四、屠宰场。屠宰场就是供给屠杀兽畜之一种设备。其经营有公设和私设二种（据一般学者主张，似以公设较私设为优）。兹将屠宰场之设立的利益列下：（1）在屠宰场屠杀，可免去使用易于腐败及含有病源菌之固形和流动之污物、污水之弊；（2）得禁止有害卫生的食肉之贩卖；（3）依着各业屠畜者，在同一屠宰场宰杀之经验所得之结果，各营业者可互知卖品之真象；（4）依着各营业者竞争及其相互之监督，得不使肉价腾贵，并可使肉质改良；（5）充分注意屠畜生体之检查，得防止兽疫之传播；（6）屠宰场设有冷藏室，可以防肉之腐败；（7）屠宰场因地价及其他关系，多设于街市之外，这于街市道路可免污秽。观此，可知屠宰场诚有设立之必要了。至于生体检查及肉类检查应行注意的，约有下之数点。生体检查所应注意的：（1）兽畜非经检查，不得即付屠宰，其兽畜倘届有胎而将生产时，应即停止检查；（2）兽畜之外貌不快活，呼吸窘迫，有倦怠痛苦之状，或眼不清凉，体温不均，鼻口耳有漏出物，皮肤无弹力者，实有病患之证，应饬其设法疗治；（3）禁止屠宰之兽，应速牵出场外，或另置畜舍；（4）屠户对于检查，有服从之义务，不得行其诈伪或私自变更。肉类检查所应注意的：（1）屠宰时间之限制；（2）屠宰兽类之登记；（3）不良的肉类，得由医员认定销毁其一部或全部；（4）停止贩卖的肉类，应注以石油或药液；（5）肉类非经检查，不得运出场外售卖。

第二，预防行政。预防行政是以预防疾病之传播为目的的行政。可分为内起传染病之预防和外来传染病之预防二种。

兹先说内起传染病之预防。内起传染病，就是自内而起的传染病。其种类甚多，如（一）虎列拉——此症有类我国之霍乱。其受病原因，多由于饮食不洁，或受传染病人的排泄物之毒所致。其病状先觉头痛、眩晕，上则呕吐，下则泄泻。重者有数时间即死，轻者或一周而死。（二）赤痢——俗名红白痢。其受病原因，多由消化器弱或身体弱所致。其病状头昏倦怠，胸胃闷塞，下痢或红色或间白色，如痰如胶，且腹痛颇急而重。（三）肠窒扶斯——一名神经热，大类我国的伤寒症。其受病原因，多由于饮食物、饮料水含有毒菌所致。其病状发热最甚，初起时，头昏寒热，胃口不开，倦怠思卧。至热高时，神智昏迷，狂躁谵语，且遍身疼痛。若肠出血（即便血），则恐有性命之危。（四）天然痘——一名痘疮，亦属流行病之一种，以秋令为最多。（五）发疹窒扶斯——一名班熟，又名发疹热病，和肠窒扶斯有点相似，加又发疹，故危险尤重。其发生原因皆基于社会之困厄，以及战争、饥馑、贫穷、污秽等为原动力。（六）红热——和我国的麻疹相似。在秋冬的时候最为流行，专袭于小孩，壮者老者，发生此症甚少。其病状，初起时，舌赤身热，心中火烧，咽喉疼痛，眼中黏膜俱红，颚下线肿大，按之而痛，头痛呕吐，有时痉挛。经过二三日，遍发红疹，远视一面皆现猩红色，故名猩红热。重者仅于一二日即死。（七）实扶的里——即恶性咽头炎的意义，我国叫做白喉症。其流行在于冬季，十岁以下的小儿，倘生此病，最为危险。（八）百斯脱——一名黑死症，我国称鼠疫。此症在传染病中最为险恶，患者十有七八必死。其发生大都由于鼠身等。兹将预防方法，列举于下：（一）清洁法——即维持土地和空气之清洁，使健康者得保全。其方法有一般与特别之分。一般方法者，谓布设水道、扫除污物等，依着公众卫生工事，以维持土地、空气之清洁。特别方法者，谓于传染病之家，扫除尘芥及其他不洁之物，对于患者住宅之井户、厨房、便所须于消毒方法施行后，加以扫除。（二）消毒法——即于传染病流行之际，以消极的扑灭其病源之预防的方法。如有菌毒物烧毁、蒸气消毒、煮沸消毒、染物消毒等是。（三）隔离法——即将患传染病者或有感染传染病疑似者，使之远离于健康者的方法。（四）病毒处分法——即于建筑物清洁消毒有困难时，将该建筑物全部或一部施行破毁，以行特别之处分（但手续必须郑重，且得准用土地收用法之规定，酌予补偿，以免建筑物土地所有者受过酷之负担）。

次说外来传染病之预防。外来传染病，就是自外而来的传染病。其预防之惟一方法，是在海港检疫。海港检疫有广义与狭义二种的解释。广义的检疫，即凡为防止传染病由外国侵入国境者，于海港所为之交通监督之总称。狭义的检疫，即由传染病存在之国，或他方而来之人物，于国境或海港为一定期间之扣留（或隔离）之谓。以上二义，要以后者（即狭义解释）才合我们现在所研究的意义。至其预防办法，自有海港检疫法规，详为规定，此处且置不提。

第三，治疗行政。治疗行政，也叫做医药行政，其目的在回复病者之健康。因为必须先有良医良药而后乃能奏效，所以对于医师的技能和药剂的效力，都要加以判断与识别。此等判断与识别，社会个人自没有这种知识及立法的权力，于是国家或地方自治体不得不出而加以管理，因此乃有医师、产婆、药剂师、药种商、药品等等的管理规则之规定。

第四，卫生行政机关。卫生行政计分有普通卫生行政和特别卫生行政二种。后者如教育卫生、军事卫生、监狱卫生之类是，均应归由各该主管机关办理。后者乃属内务行政重要之部，所以一部专属于国家直接机关办理，以一部委之于地方自治团体办理，而国家则站在直接机关之监督的地位。明白点区别来，即一为国家卫生行政机关，一为自治卫生行政机关。国家卫生行政机关如卫生部及其所属之卫生陈列所、化验室等是；地方卫生行政机关如省长、市长、县长和区乡镇等之自治团体以及其所属之卫生机关与警察等是。

（丁）关于劝业者

劝业之主要的目的有三：（一）扩张国家的富源——实业为国内需要和输出贸易的泉源，实业盛，则国家的富力自然也要因之而厚。（二）增进人民的财产——凡农工、商矿、渔牧等实业，都可增进人民的财产。（三）维持社会的秩序——人民贫富之差太远，和贫民之数太多，则社会的秩序将为之不保，所以劝兴实业，可以防遏极端的主义之传播。

关于劝业的方法，自然是很多，现在只把其重要而易于实行的，写点出来。

第一，劝业会。劝业会是萃各方物产于一处，比赛观摩，使优者供仿效、劣者求改良之一种设备（亦称为博览会）。兹将筹办劝业会的重要事件列出：（一）经费——颇浩大，非百万圆（至少亦需数十万圆）不办，此项经费，可用招股方法和当地绅商协议筹集。（二）场所——宜设于交通便利之地，以便招徕各处的观客。（三）时期——须择天气和暖的时期（似宜在阳历三四月或九十月之间）。（四）设备——有馆屋、电灯、水道、卫生机关，各种商店及巡警消防诸大端。

第二，农工银行。农工业者之需要银行，与商业者之需要银行无异。因为农工业者经营事业如购料、种肥料、佣工、灌溉及生产品之运输、屯积等，在在都要需用流动资本；又如排水、开垦、造林、购牲畜及建筑工场、置办机械等，也是着着需要固定资本，所以急宜劝设农工银行，使以不动产或不易变坏农产物为担保，而借以资金，以资助成农工业之发达。兹将关于农工银行应注意之点录下：（一）营业区域——农工银行的目的，是在资助地方之一般的农工，所以其设立区域，应各按地方的情形而定。或一县设立一行，或分一县为二个营业区域，或合二县为一个营业区域（此种处置，必须呈请该管机关转请财政部及其他关系部，如实业部等核准）。（二）营业资本——以十万圆为最小限度。每股金额，至少须达十元。非招足资本定额，并缴足半额以上，不得开业。（三）招股方法——股东以籍隶该县或在该行营业区域内有营业住所者，尽先招集，如有不敷，得在营业区域以外，招募如额（农工银行营业区域内地方公法人，亦得为该行股东）。股票概用记名式，除中华民国人民外，没有买卖转让的权利。（四）营业范围——农工银行的营业，以对于农工之兴作改良、贷付款项无主，所以其放款以供下列各项［（1）垦荒耕作；（2）水利林业；（3）购办籽种、肥料及各项农工业原料；（4）农工生产之运输、屯积；（5）购办或修理农工业用器械及牲畜；（6）修造农工业用房屋；（7）购办牲畜，修造牧场；（8）购办渔业、蚕业种子及各种器具；（9）其他农工各种兴作改良等事］之用者为限。兹拟定经营放款的期限如下：（1）十年以内分期摊还法（以不动产为抵押者，应将本利合计，定一平均数目，分若干期偿还）；（2）五年以内定期摊还法（以不动产作抵押者）；（3）二年以内定期或分期归还法（以不易变坏农产作抵押者）；（4）一年以内定期或分期归还法（以渔业权作抵押者，除渔业权作抵押外，银行得要求另以公债票或不动产作为增加抵押，或以中央公债票、各省公债票、公司债票、股票作抵押）。又，资本殷实之典当，有两家互保或十人以上之农业或工业者以连带责任请求借款时，银行调查其信用果系确实，依三年以内定期归还法，不用抵押，亦得放款（地方公法人确有进益事项者，不用抵押，亦得放款）。要之，农工银行的放款期限，似宜随款项之用途而异。盖因农工之兴作改良等，其收益之迟速，不能一律。收益迟的，则需款期限长；收益速的，则需款期限短。所以放款期限，亦不可不随收益之迟速而有不同。假使只为短期放款，则造林垦荒等收益较迟之事业，便得不到通融，这自非普助农工的本旨。因此，拟定期限如上。此外，如定期存款，保管贵重物品，或受劝业银行之委托，代任纸币之兑换等事宜，亦在其营业的范围以内。（五）发行债票——因为农工银行多以一县为营业区域，倘仅持原有资本，决不足以资应用，所以得有发行长期抵利债票的特权。

第三，农业保险。农业保险者，是由多数农人各出微资，组织一共同财团，对于有农业上之损失者，由此财团赔偿，以减少受灾者之痛苦（如雹、霜、风、雪、害虫、洪水、霖雨、旱魃以及家畜之瘟等，皆足以引起莫大的损害）之一种组织。

第四，贫民银行。贫民银行者，以供给资本于贫民为目的而组织之一种金融的机关。

第五，产业合作。产业合作者，是以发达小农工业者的产业（或经济）为目的而组织之社团法人。其种类可分为四：（一）信用合作——信用合作的目的，在一面收集社员的存款，一面对于社员借与资金，故得互相通融，不至为大资本家所压迫。（二）贩卖合作——以贩卖社员之生产物为目的，故社员的生产物得直接与商贩交易，既可等候市价最好的时机，复可免去中间者之分利，并且贮藏设备和加工精制亦得由社员自行经营。（三）购卖合作——购买合作，以购买产业（或生计）必要之物转卖于社员为目的，故社员必需之肥料、原料等的质量，可以自由选择，不受奸商之欺，并且一次购买之量多，则价格较抵，亦可节省营业的资本。（四）生产合作——生产合作，以对于社员之生产加工或社员使用产业上必要之物为目的，故社员生产物之价值，可借以增加并得有利用新式机械器具之便宜及领地开垦或设立工厂的利益。

（戊）关于社会事业者

社会事业（social work）究竟是甚么？在这里，似先有明白之必要。得歪（Edward T. Devine）在他所著之《社会事业论》内，曾下以下之定义：

社会事业者，乃社会把（一）其自身的缺陷提高，以防个人因现行制度之故，致陷于失败的境地，因以补救现行制度之不足，及把（二）不适应于社会之需要之点加以修正之二点的全努力之总和之谓。（注一）

这个定义虽较中庸，但似亦不必要像这样个别的加以规定啊！要之社会事业，是袪除在科学的认识之下，其由于社会的（或个人的）原因所生之社会生活的障碍，并以逐渐的方法，企图社会一般的福利之“组织的活动”。论其目的则有消极的和积极的之二种。消极的目的是对症的；积极的目的是预防的。

现实之胁迫的社会现象，虽是犯罪、疾病、贫困、愚蠢以及不道德等的各种现象之总表现，但其最紧急的现象，应首推贫困。我们对于这些现象，在社会事业上，欲为比较的根本策之讲求，自应以保护救济并阻止其将来之发生为目的，以为对病之下药。

不过，所谓“组织的活动”云者，在其意味里，并未含有个人的施与和慈善之性质。有的人以为在社会事业之中，含有个人的慈善之意味，这由现代的社会事业之性质说来，是极不对的。盖因基自科学的基础，随时予以适切之保护之现代的社会事业，论其任务，实和昔日之慈善事业大有差别。我现在拟把它定个标识，即把慈善事业称为“旧型的社会事业”，把现代社会事业称为“新型的社会事业”，好像比较的适当一点。至于社会政策和社会事业的关系，前者是为后者之基础的科学作用，它的全般的；反之，后者的范围是狭隘的。又，社会事业是依着如何可以增进社会生活之福利之技术的活动而存在的，在现在要想当它是个占有独步之“学的地位”的东西，自是很难，所以其“学的指导”，势须仰借于社会政策的作用。并且它也不是单独能够指导的，即其他之社会科学及自然科学（凡有关系于科学），与它都是保持有紧密的关系。

以上既把关于社会事业的重要之点说过，现在更把它的分类，提出一说。社会事业的分类，由事业组织者之公私的区别分类来，可分为（一）公共社会事业；（二）准公共社会事业；（三）私的社会事业之三种。关于（一）的，是依着国家或地方自治体等所营的社会事业，关于（二）的，是半官半民所营的社会事业，关于（三）的，是单纯的个人所营的社会事业。更由方法上分类来，可分为（一）个别事业；（二）设施之组织及统制；（三）教育、娱乐之为社会的目的之小团组织；（四）公共教育；（五）联络教育之五种。关于（一）的，是于“以个人的生活为中心”之中，发见其存在之困难，乃为祛除这个困难起见，特予以教育的、经济的之援助而使之向上的。关于（二）的，是补足人类之集团生活的缺陷之一种方法——如病院、幼稚园、感化院之类是。关于（三）的，是于社会事业上，占有最切近之重要的地位，而具有预防的效果之方法。关于（四）的，是学校及 Settlement（注二）等的社会教育。关于（五）的，是使社会事业更弄到有效的境地之共同联络的事业。

要之，关于消极的方法之事业，可得下之分类：对于疾病事业，对于犯罪事业，对于贫困事业及对于特殊与现实之必要的事业之救护事业，与为统一、联络、调查、教育之一般机关等。

此外积极的方法之事业则有二：（一）对于儿童的特殊保护；（二）教化事业。

把以上用顺序的排列起来，可得（一）一般机关（联络、研究、后援的机关）；（二）医疗保护事业；（三）免囚保护事业；（四）救护事业（贫民救护及军事救护）；（五）经济保护事业；（六）儿童保护事业；（七）教化事业。

（注一）见 Edward T. Devine：*Social Work* 二一至二二页。

（注二）Settlement 的意义是很多，据 Picht 说："Settlement 云者，是上层阶级殖民之一种；就是把自己形成与近邻的贫民一样，而后依着个人的观察细探地方的情形，并在必要救助的时候，予以救助；它是具有这样的二重目的。"（参看 Picht：*Toynbee Hall and English Settlement Movement*，Translated by Cowell）又据 Barnett 说："Settlement 者，其目的是在造成相互的接近，以图个人的感化，而努力于人类的接触。"（参看 Barnett：*Practicable Socialism*）总之，它是以企图"细民（小孩、老人、乞食、流浪人、身心有缺陷者）地区的事业”与“近邻之精神的及物质的生活之向上的事项”等为根本的“样相”。例如“爱邻园”“社会殖民馆”“善邻馆”“交邻园”“有邻园”“观邻馆”“邻保馆”之类都是。

我们已经晓得萎靡不振的社会现象，其概括的原因，是出于贫困。但贫困到底是甚么？它的结果怎么样？它本身的原因是甚么？又其救济的方法要怎么样？这些问题，在这里，自然都应有一说之必要。

所谓贫困，就是肚子饿没有东西食，身体寒没有衣服穿，住的地方没有一定的家宅，沉沦于困苦中，而莫可言状的意思。可是，因为衣食住不足，乃致生活不能维持，这还可望补救，至于为着衣食住不足，而至道德颓废，那就不容易设法了。无数的捣鬼、拐骗、叛逆、忘恩、强盗、窃贼、光棍、贪夫、嗜杀、笨伯、白痴都赖着“贫困”而生存着（当然其中也有赖着“非贫困”之细菌而生存着的，不过数目少一点罢了）。这句话，那个会相信呢？可是这个的确是真的。至于虽在贫困而仍顾道德的人，也不是没有。不过其结局总是把自己的生命，对着“自杀”大笑一下，又望着“死亡”微哂一下，只因为有了一个“审慎的死”，于是乃有无数个“鲁莽的生”。因为有了这许多鲁莽的生，乃致把社会全盘的道德都托在“利于群氓的价值”之上，而使诸道德的系统，跪在“利己排他制度”之下，以酷忍、强暴、操胜、独存为仁爱，以让步、和平、失败、正义为罪恶，过半数的人心如此，尚何道德之足言？直是人格破产、道德灭亡，正如菲野氏（A. F. Fouille）所谓：“一般人心，对于道德与善恶，已经不起争论，盖因此非道德不道德之问题，其实在根本上已经没有道德了。”

虽然我中华民族道德之根本原植于仁，仁者何？同情心是已。即对于他人有同情心的意思。以现代语来解释，就是仁者乃是人格之表征。欲知仁之为何，当先知人之为何。为甚么叫做人？因为“我”乃具有五官四肢之两手的动物，凡与我同的，都是与我同类，于是乃予以一个共通的名词，叫做人。所为人格者，系以二人以上相互间的同类意识而才表现出来的，所以一个人必具有独立自主之人格（personality），而后方可阔步横行于天下，而为无限际的活动。可见人格乃人生之大生命，与人生偕存偕亡的。换句话，就是人生于世，将于待人接物之方，为己者几何？为群者几何？出于良心者几何？出于功利者几何？不可不有相当的认识。因为一人之身，具精神肉体二者以立于世，其待人接物之方，果出于大公无我之精神呢，抑出于图一己便利之物欲呢？所为善恶、是非、邪正、人我之分，取予之界，公私义利之辨，莫非都是道德的标准。其所以剖判的，在客观上叫做善恶、是非，在主观上叫做良心。良心者乃是人格之体，道德者乃是人格之用，世安有道德灭亡而谓有人格有良心者？良心既死，则恶心以生，举全社会之人之心，皆出于恶，则无限制之贪婪、猜忌、仇恨、残酷、决斗、占领之种种行为纷然而起，其可见者，虽有“他律”的命令之足以制裁，其不可见者，宁有“自律”的道德之足以自止呢？夫如是，则途上之人，个个均存排他利己之心，其结果必至盗贼猛兽充塞两间，则社会之纠纷尚可爬梳么？

先前不是说过，社会者乃是数多人之结合体吧！数多人之人格破产，则社会之根本，自然因之动摇。以根本已动摇之社会，不于根本的基础上想法扶正，而于枝叶的外观上加以粉饰，那自要愈弄愈糟了。言念及此，每为心悸，因际时会，提出根本解决之方，以为民族永久维持之计，其方维何，盖在贫困之救济是已。

欲为贫困之救济，先要明白贫困之原因。贫困之原因，至为复杂。有说是经济状态不完全所致的，有说是恶性血族遗传性所致的，但这种议论，未免过于抽象。此外，有谓贫困之原因有六：（一）疾病或衰弱，（二）父母俱亡，（三）无夫扶助，（四）无子扶养，（五）天然的癫狂，（六）身体残缺的。要之，贫困之原因，不一而足，兹列表明示于下：

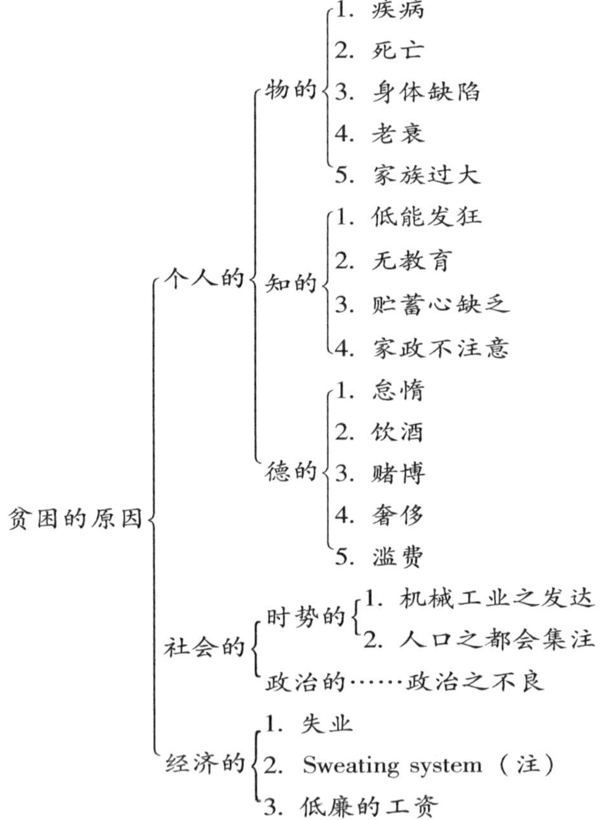

（注）Sweating system 就是于“过长的劳动时间、工作的紧张、低廉的工资、密集且不卫生的职场等”条件之下，施以劳动力之榨取的方法（请细参阅 Adams and Summer：*Labor Problem*；Kingsley：*Cheap Clothes and Nasty*）。

贫困的原因，既如上表，现在把其救济之法，举出一二端，以资讨论。

第一，劳动地位之改善。关于改善劳动地位的办法甚多，自难尽述。兹将大体办法，录之于下：（一）由各地方自治体提倡一个或数个独立的企业法人，经营适宜于该地方的实业。（二）凡从事此种企业的工人，酌量情形，给以生活费。（三）工作时间定为每日八小时（星期日休假，其他例假照予休息），每日工作完毕后，授以若干时之义务教育。（四）每年企业赢余，除提出若干作为公积金外，余者按着薪工比例分配。（五）工场内之监察，责由经理部人员担任；而经理部则由地方自治体及工人方面各举检查委员若干人，按期（三个月或半年）清查一次（遇必要时，得临时组织委员会执行检查）。（六）此种企业的资本，得以租税，如所得税、财产继承税等之征收，充当还债基金，分期发行长期公债，作为发起资本及补充资本之用。此种办法，既可救济失业工人，复可借作“提高劳动地位”的模范，一举数得，后效自著。此外如：（一）劳动行政（Labour Administrations）——即司社会政策及劳动者保护政策之立法上的企画和法律的实施之行政。（二）劳动协约（Collective Agreement）——其内容，除公定工资、劳动时间的标准以外，他如通风、卫生、作业设备、娱乐等之设备，都包含在内。（三）劳动银行（Labour Bank）——

是以保劳动团体的基金为中心，由劳动团体员出资组织的。（四）劳动调查——对于（1）经营棉丝纺织业和麻丝纺织业所使用的劳动者数；（2）经营制丝业、绢丝纺织业、船舶车辆制造业、洋纸藁纸板纸类的制造业、火柴制造及水门汀制造业所使用的劳动者数；（3）经营毛捻丝业、洋灯火类制造业、活字制造业、漆器业、火药类制造业、制油及制烛业、笼、帘伞、骨竹篓类所使用的劳动者数，共有若干，须用若干，均须详为调查。又，对于矿山的事业主和劳动者数亦须调查。其调查事项：（甲）事业主方面：（a）工场及矿山名；（b）工场及矿山所在地；（c）事业的种类；（d）劳动者数；（e）每日劳动时间；（f）每日休息时间；（g）每月休业日数；（h）实物给与之种类及价额。（乙）劳动者方面：（a）姓名；（b）性别；（c）出生年月日；（d）配偶者之有无；（e）教育之有无；（f）职名；（g）就业年数；（h）工资；（i）实物给与之有无。他如失业调查、家计调查等，都是重要的。（五）劳动统计（Labour Statistics），即关于劳动者、被佣者、贫民（及一般受着公之救助的人）之统计，而劳动条件（即关于劳动者并被佣者的工资、给料、劳动时间、劳动条件的协约），同盟罢工、工场闭锁、妇人劳动、幼年劳动、劳动市场失业、社会保险（即关于疾病、伤害、废疾、老衰等的保险）等之统计及关于住居难之统计，都包含在内。劳动保险（Workmen's Insurance），即以填补“劳动者因疾病、负伤、废疾、分娩或老衰之故，致减少（或丧失）劳动能力；及以失业之故，致丧失劳动机会所受的损害，并除去经济生活之不安”为目的的保险（这和社会保险，在大体上是同一意义）。此外，依其保险情形，可分为灾害保险（Accident Insurance）、疾病保险（Sickness Insurance）、妊妇保险（Maternity Insurance）（注一）、废疾保险（Insurance against Invalidity）（注二）、遗族保险（Survivers' Insurance）（注三）、养老保险（Insurance against Old Age' Altersversicherung）（注四）、失业保险（Unemployment Insurance）（注五）等，这些都是要特别加以改善或促进的。

（注一）国家或地方团体，对于该项保险，应与以相当的互助。

（注二）该项保险，应以事业主及国家（或地方团体）之负担为原则。

（注三）该项保险费用，在原则上，应由事业主及国家负担。

（注四）该项保险被保险者须在一定期间达到一定年龄（按各国立法例多为六十五岁至七十五岁）之死亡的中间，才有养老年金。该保险费用在原则上，与废疾保险、遗族保险同。

（注五）失业保险云者，是被保险者具有劳动能力及意思，但仍陷在失业状态，于是乃给以失业津贴、谋事旅费、劳动用具之谓。该项保险费用，在原则上，是由事业主、国家及地方自治体负担的。

第二，灾民之救恤。凡人民顿遭非常之变（如水、火、旱、虫、风、雹、地震等），一时失其生计者，均称为灾民，其状态和贫民同，但其原因则和贫民异。救恤之法，固有多端，如施衣、施粥之类都是，但这只是一时的，效力甚微。其根本的办法，自是于灾未发之前，施以种种的预防。惟间有为人意所不可测之灾祸，因此，乃济之以积穀。积穀者，乃为赈粜、赈贷、赈给而设。兹分别说明于下：（一）赈粜——乃常平仓制，在丰年以贵价籴谷，凶年以贱价粜谷。（二）赈贷——乃社仓制，在凶年许民向仓贷谷，俟收成后，加息以偿。（三）赈给——乃义仓制，在凶年给谷于极贫之民，而不责其偿还。此外，如江海河防之处理，虽属国家的事务，但灭蝗以免虫害，浚井以免旱灾，以及贮蓄罹灾、救助基金以备不时救恤灾民等，则是地方团体所应办的事，所以办理地方自治的人，对此不可不格外加意。

第三，免囚之保护。保护免囚事业，在未出狱以前，即须着手。如救其家庭之贫困，保其家庭之和平之类的事都是。至于出狱以后之劳动和境遇，尤宜在相当的时机，预为斡旋。兹将对于免囚保护事业，不可不注意之一二点录出：（一）保护和被保护间，须有个人之亲密关系；（二）须使监狱和保护事业能够密接而无间隔；（三）保护之活动，在狱中即须准备；（四）不可不用免囚之设备——如工厂等；（五）须为之介绍职业；（六）给以相当的补助金。

第四，不良少年的感化。感化不良少年云者，即对于不良少年、遗弃少年、犯罪少年等，施以强制惩治之法之谓。施行之方法有二：（一）为家庭感化；（二）为集合感化。前者是送与本人家庭（或其他适当之家），使执行感化教育的方法；后者是送与感化院（或其他特为此种教育所设之一定建筑物），执行感化教育的方法。

第五，贫儿之救护。贫儿之种类甚多，如孤儿、弃儿、盲哑儿、低能儿等都是。这些自应设立育婴堂、孤儿院、盲哑院等以资救护。

第四款　强制权

在地方自治体的行政管理权之一之中，有所谓强制权的，兹特提出一说。

一、财政上的强制权

地方由自治体之所有的财政上之强制权，乃是指“关于征收地方税及其他公法上的收入”时，所施之权力而言。它分有即时强制和强制执行之二种的权力。这二种权力都是付与地方自治体的。所谓财政上之即时强制，即赋课地方税的时候，如认有调查之必要的，则办理该事务的人员，得随时（即在营业时间内亦可）到家宅、营业所等查检，并得检查账簿物件（这种权力之作用早已为一般所默认）。这就是叫做“即时强制”。所谓财政上之强制执行，即，令纳付义务者缴纳租税（或其他公法上的收入），而纳付义务者，于定期内不能缴纳时，则一面限以日期，一面依期督促。倘在督促的期限内，复不缴纳，则得根据国税滞纳处分之例，予以处分；即把纳付义务者的财产查封，或把其金钱以外之物拍卖，这就是叫做“强制执行”。

二、应急负担的强制

应急负担的强制，乃是公用负担之一种。这是只对县区乡镇之特殊的权限。即县区乡镇于非常灾害之必要的时候，得使用他人的土地、土石、竹林，以及其他的物品，甚至收用土地，也是可以的。又，在防止危险之必要上，县区乡镇长对于该县区乡镇内的居住者，得使之从事防御工作。像这一种权力，是付与县区乡镇的。

三、财政罚

财政罚的种类，可分为二。一是对于地方税而为脱逸缴纳之企图，或以不正的方法而为免放使用费之行为的人所施之“秩序罚”。一是对于使用财产营造物而为毁损之行为的人所科之“罚金”。

四、惩戒罚

现在所说的是惩戒权。惩戒权之内容，按着情形而异。大凡县区乡镇长对于所属补助人员，都握有惩戒之权。但其惩戒种类不外谴责与若干元（五元或十元）以下之过怠金（注）而已。至于参议员（或代表）违背会议规则时，则对于该参议会（或代表）可处以停止出席之惩戒；又地方自治体的公民不担任名誉职，或辞去当选之名誉职，或纵就名誉职而不肯实际执行职务的，可处以停止公民权之惩戒。

（注）对于懈怠过失者，加以制裁，令其负担金钱，这种金银❶，在法文中特名之为过怠金。过怠金和罚金同，有制裁的性质，而无损害赔偿的性质。

第三节　地方团体的财政管理权

地方自治体为谋增进住民的福利，自不得不为种种

❶ 应为“金钱”。

公共的劳务之管理。因此，管理这些事业所必需的经费，则非由地方自治体自行负担不可。所以地方自治体所受赋予的自治权之内容，其把财政的管理权包含在内，乃是理之当然。不但这样，在地方自治体里，除却这种固有经费之外，尚负有所谓自治负担的义务。这个自治负担，可分为通常事务负担和经费负担之二种。所谓事务负担，乃是依法律之规定，对于地方自治体，把国家或其他公共团体的事务，委任给它处理的负担。换句话，就是对于自治体的委任事务之处理之谓。又，自治体所用之办理委任事务的经费负担，也是包含在自治负担之中。即，这些所需要的经费，都是由被委任的地方自治体负担的。又，地方自治体，虽并未受有事务本身的委任，但例如某项国家事业，于某地方自治体确为有利，因而国家乃令该自治体负担该项事业所需的经费之一部，这种情形也是有的。如是，地方自治体不但只负担其自己本来的事务所需要之费用，并负担有其他的负担，因为有了这种关系，所以非付以财政的权能不可。

至于地方自治体所握之财政管理权，可分为财政管理权、收入管理权和支出管理权之三种。这里头，关于收入的权限，最具有重要的意义，因为地方自治体之发达，都是跟着它而为种种之变更的。兹将这些财政管理权的内容提出，作个简单的研究。

第一款　财政管理权的内容

第一项　财产管理权

地方自治体的财产，大别可分为“具有行政的目

的”之财产和具有“收益的目的”之财产之二种。

具有行政上之目的的财产又可分为“公用”的财产和“公共用”的财产之二种。公用的财产云者，如机关的地基或建筑物而具有公法上之目的的财产是。公共用的财产云者，就是指供给公众使用的财产而言。公共用的财产之种类，其范围比较的广一点，像前面所说组织营造物之土地、家屋、物件等，都是包含在其中。又，电车的车辆、轨道、瓦斯事业的Tank瓦斯管、学校的建物、病院的建物及其他种种的器具、病具并设备等，都是具有公共用财产之性质的。

其次说到收益财产。收益财产云者，是具有收益之目的的财产，而为地方自治体所管理者是。依地方自治制之规定，地方自治体以收益财产为基本财产。所谓基本财产，其元本就不是消费的，它是照样不动，以其所生之收益充当地方的财源的。因为基本财产，并不是以收益为目的的财产，所以其收益绝不是要生出现实之必要的。不过，倘有以“以此为目的所积蓄的财产”作为基本财产，亦无妨碍（例如纵为区乡镇的土地，它元来是以收益为目的的财产；可是在事实上，把它贷出，并未必就会得到收益，像这样的目的，把它积蓄起来，亦可作为基本财产）。基本财产，它是具有这样的性质。又，在基本财产之中，有一般的基本财产和特别的基本财产之别。这些都不是把元本消费的，它只是具有使用收益之趣旨的。对于普通基本财产，是把其所生之收益，充当地方之一般经费的财源。对于特别基本财产，是把其所生之收益，专供特别目的之一般费用的财源。例如，为要充实学校之建筑修缮的费用，而设定了特别基本财产，则该特别基本财产所生之收益，只可用之于学校之建筑或修缮的目的，而不得以之充为其他用途。

以上既把关于地方自治体之财产管理权，大略说过，但所谓地方的基本财产者，究由那一种类的财产而构成呢？这我们自也有一知之必要。兹特把其构成要素录下：（一）土地；（二）立木；（三）建物；（四）公债票；（五）股票；（六）现金；（七）其他财产。至于地方财产管理，亦可分为二点：（一）是为经济全般之企图计，所设置之财产；（二）是为特定的目的之企图计，所设置之财产，如教育资金、救护资金、劝业资金、卫生资金、土木资金等。

第二项　支出财政权

一、地方岁出的种类

地方自治体，是负有支办“其必要的费用”及“依着法律，从来属于自治体负担的费用”，并“依着法律，将来应归自治体负担的费用”之三种费用的义务。其中所谓“地方自治体之必要的费用”云者，不但指处理地方的公共事务之必要的费用而言，并指处理地方的公共事务及委任事务之必要的一切经费而言。其次，所谓“依着法律，从来属于自治体负担的费用”云者，是指地方自治体对于国家及其他公共团体一向所见委处理的事务所需要之费用，及虽未将处理事务的本身委任给地方自治体，但曾以一种事务之执行，委任给地方自治体办理，凡在这种情形之下所需要的费用亦应由该地方自治体负担的之两项费用而言。再次，所谓“依

着法律，将来应归自治体负担的费用”云者，是指将来地方自治体办理国政事务所需的费用，非依法律，无论何种情形，绝不负担之义务的费用而言。

最后，说到地方自治体之支出，这由支出义务方面观察来，可分为必要支出和随意支出之二种。随意支出云者，是地方自治体依着法律不负支出之义务（即支出与否由该自治体之任意）的支出。例如设立公园、创办图书馆、经营电气事业、瓦斯事业等，这些事业之经营，在法律上并未有明文规定，所以其支出与否，乃属它的自由。换句话，就是叫做随意费用。反之，必要支出云者，是地方自治体依着法律所规定之支出的经费，它应负有支出之义务的支出。在必要支出之中，有“命办某事业并命负办理该事业所需之费用”和“只命负费用之支出”之二种。前者如命负设立初等小学校之义务，则非设立不可；因此，建设初等小学校所需之费用，乃是地方之必要费用。又命设立感化院，则感化院之设立及管理费亦是地方自治体之必要费用。又如依着河川法，为贯流该自治体的河川之改修，而命该自治体负担一定的负担金，这也是属于必要费用的。可是，随意费用和必要费用其实际上之区别在那里呢？这并不是地方自治体之特别的问题，乃是监督机关对于地方自治体，行其强制预算之监督权的问题。强制预算云者，就是地方自治体依着法令应负担之经费而不把它列入预算的时候，监督机关可依着监督权，强制的令将该项经费列入预算之谓。本来地方自治体的预算，是要经过意思机关之议决的，只有这个强制预算，即不经过该自治体的意思机关之议决，监督亦可引用其监督权，强制的令其编入预算（不过，这种强制预算，只在必要支出上，方认其为监督权）。

二、地方自治体的岁出

因为国民经济生活日益发达，地方自治体为满足地方人民日常生活之社会的必要起见，对于各种设施经费乃亦随之以起。所以地方自治体固有之地方费，不得不更加增大。在一面以国家的设施经营渐趋多端之结果，地方自治体所受委任之国政事务，也自然因之增多，而处理这些委任事务之必要的地方费，因亦日见澎涨。又，所谓对于地方自治体的委任事务，即以“地方的”利害之密接的“国家的”设施之事务，命由地方自治体管理，因此地方就跟着社会生活的需要，渐渐成为复杂多端的状态，而地方费乃生出日益澎涨不止的结果。所以今后地方自治体的岁出，便不得和从前之地方费同日而语了。兹将其种类列下：

（一）立法费——专指地方意思机关的经费；

（二）教育费——指除教育部直辖机关及国立学校以外之一切的教育费；

（三）土木费——指地方团体自己经营之一切土木费；

（四）公债费——即地方公债偿还费；

（五）电气瓦斯事业费——此项事业，系由地方团体自办，故其费用应由地方支出；

（六）卫生费——卫生行政，系保卫地方人民之健康，其费自应由地方支出；

（七）警察费——指除国都、省会及商会及商埠警察费以外之一切的警察费；

（八）劝业费——此项除中央所营者外，均应由地方支出；

（九）社会事业费——此项事业，原由地方自办，故其费用应由地方支出；

（十）自治职员费——此项费用当然应由地方支出；

（十一）国政负担费——前已说过，此项费用亦应由地方负担；

（十二）公积金及基本财产造成费——此项金额，应由地方支出充当；

（十三）其他——如征收费（指征收地方收入所需之费）之类是。

第三项　收入财政权

第一目　关于收入财政权之一般的考察

地方自治体的收入有私经济的收入（注一）和公经济的收入（注二）之别。如财产收入、事业收入及地方债之三者则是属于私经济的收入。又如地方税、使用费、手续费、规费（注三）、补给金、分担金、罚金、过怠金等，则是属于公经济的收入。不过，私经济收入中之事业收入和公经济收入中之使用费的关系，其发生收入根源之事业的性质，与其由事业发生收入之法律的性质如何，从来各学者间的论议是很多。即，在地方制度上，地方自治体对于营造物之使用虽可征收使用费，但所谓营造物这一个用语的范围如何？又，在营造物使用之关系里究竟有没有公法关系和私法关系之区别？至今尚不能确定。倘说那里头公法关系也有，私法关系也有，那末地方自治体所经营之一切的公营事业，果均可断定为公法关系么？又公营事业之中，只有公法的设施之性质，包含在营造物的观念之内，而其他地方自治体，在私法关系上，所经营之一切事业便不得称为营造物么？像这些事情，都是关于所谓地方自治体之公共的劳务管理问题，将来自非加以慎重的考究不可。

地方自治体的收入，像前面所述，既可分为私经济的收入和公经济的收入之二个种类，更从他方面观察来，似又可分为税收入和税外收入之二种。盖因考察一般地方财政之实情，差不多一半是为地方税，其他一半是为地方税以外之收入的缘故。兹为便利起见，先将税外收入提出一说，而后再说税收入。

（注一）私经济的收入，亦称为私法上的收入。即，地方自治体以私法人的资格，对于其他经济主体施行平等的经济行为所得之收入是。

（注二）公经济的收入，亦称为公法上的收入。即，地方自治体以公共团体的资格，对于该团体员施行从属关系的经济是。

（注三）规费和使用费性质虽颇类似，而实迥不相同。因为规费是以公共团体之权力之行使为前提，而使用费则以公共团体之营造物为前提，无须权力之行使，只这一点，便可看出其相异之点。

又，公共团体的营造物，种类甚多，但征收使用费者，不外教育的营造物使用费、保健的营造物使用费和国民经济的营造物使用费之三种而已。教育的营造物，如学校、美术馆、博物馆、动物园、植物园、图书馆之类是；其使用费以学费、入场费的名义征收。保健的营造物，如普通医院、癫

狂医院、养老院、墓地、屠杀场、消毒所、洗濯场、浴场之类是；其使用费大抵以食物之价或入场费的名义征收。国民经济的营造物，如造币厂、仓库、各种试验场、交通机关之类是；其使用费大抵以造币费、仓库费、试验费、道路码路通用费、运河通航费等的名义征收。

至于规费的内容有二：（一）为司法规费——如民事裁判费、刑事裁判费、非讼事件费、遗产管理费、继承认知费、婚姻认知费、各种登记事件费之类是。（二）为行政规费——即外务、内务、财务等的税及经济规费等，如检定费、证明费、特许费、免许费之类是。但地方团体的规费，大抵不外商业规费、交通规费、司法规费、警察规费等。例如度量衡检定费、食用品及动物检定费、船车牌照费等，就是属于商业交通的规费。证明、登记、特许、许可、建筑设计之检查，以及埋葬墓碑的设立费等，就是属于司法及警察的规费。此外，如学校之入学费（不是学费）、退学费、试验费以及毕业文凭费等，则为地方规费中之次要者。

又，规费之征收方法有二：一为间接征收法（即贴用印花或使用戳印用纸之法），一为直接征收法（印直接收纳现金之法）。国家征收规费大抵二法并用，而地方自治团体征收规费多用第二法，缘地方自治团体，在通例上，并无发行无记名式之有价证纸（如印花戳、印用纸之类）之权。

第二目　税外收入

说到地方自治体之税外收入，其主要的为（一）财产收入；（二）手续费及使用费；（三）各种补给金；（四）地方债等，此外尚有罚款、过怠金和其他杂收入等。

一、财产收入

地方自治体握有收益的财产，即所谓财政的财产。

地方自治体制，对于地方自治体，因为是以巩固其财政上之基础为目的，故特责以基本财产之维持的义务。地方自治体，依着法律，既负有维持基本财产之义务，所以无论任何地方自治体，都各有其巨额之收益财产。在这里，地方自治体所握之基本财产、特别基本财产、公积金穀等所生之果实，便成为地方自治体之典型的财产收入（凡土地建物等不动产之租借费、公债等之利息，以及股票的红息、存款的利息等都包含在内）。又，在公营事业之内，其由收益事业的性质所生之收入，它在地方岁入上果具有何种性质？这在学者间，论议还是纷纷，但多半都是列入使用费收入之内，这一点，我们自难认为满意的啊！

二、使用费及手续费

使用费，乃地方自治体对于营造物之使用者所征收之费用是。本来使用费，都是立在具有公经济的收入之性质的前提上面。可是，一切营造物之使用关系，果均具有公法的性质么？又，对此的费用果只是属于公法关系之使用费么？如其不然，则在一般的公营事业之中，自尚有不属于营造特之观念的事业在。这些事业（例如瓦斯供给事业、电气事业）的使用者之给付，完全是属私法的关系，但在事实上，一般对于这些给付，多认作使用费，现为便利说明起见，姑抛法理，而从习惯，把地方财政上之费用收入，举出一二，例如关于自来水、公园（门票费）、电车（乘车费）、电灯、瓦斯等之通常所认为私法关系的收入，都是包含在使用费之内的。

次说手续费。手续费是个人对于地方自治体办理事务，为图充当其费用而征收的费用。如各种证明的手续

费、纳税督促的手续费以至其他种种手续费之征收是。

三、补给金

在地方自治体的经费之中，本来有由国库或上级自治体给与补助金、给与金、交付金种种之名称的款项，以为财政的援助。如《国民党政纲》对内政策第三款内，“各县之天然富源及大规模之工商事业，本县资力不能发展兴办者，国家当加以协助，其所获纯利，国家与地方均之”。这个协助，就是补给金的意味。要之，补给金乃由国家或经国家之命令由上级地方团体之财政而来，所以须受国家的限制。

四、地方债

经理地方自治体的财政，于其必要之收入的手段上，除却地方税之外，虽有使用费、手续费、各种补给金以及其他杂收入等，但一时忽需多额经费的时候，而这些各项收入，究竟还是不济事的，于是为调剂地方财政上之融和起见，对于地方自治体，乃特赋以起债的能力。不待言，地方自治体为要永久继续其设施经营，所以一时需要多额的支出。可是，这些设施，原是具有将来长日可以使用的性质，那末为着设置这些设施之巨大临时的经费，一一责由创设该项设施之当时的自治体住民，使之负担，自是不当。因此一般咸认这些事业的财源，应求之于起债，俾以后的自治体住民各得分摊其负担才为合理。不过，由另一面想来，地方自治体对于起债方法，倘有滥用，而为偿还能力以外之起债（即采用放漫的财政政策），势必危害到地方自治体之财政的基础。因此，对于起债一事，非加以慎重的考虑，而抱有完美的计划不可。要之，地方自治体对于起债，须具有下列情形：（一）偿还旧债的情形；（二）可为该自治体之永久的利益之支出的情形；（三）因遭天灾、事变等之必要的情形之一方行。兹将地方公债的性质和种类分别提出一说。

先说地方公债的性质。地方公债的性质有二：（一）由经济上说来，地方公债是依公共信用而成之一种公同投资。（二）由财政上说来，地方公债是一种公课的预征（或公共收入之预算）。这二个性质，都是论公债者之出发的基点，不可不理会。

次说地方公债的种类。地方公债依其经济上的性质（即其经济上之用途），大体可分为三种：（一）开发的公债——这和公经济的投资之公债一样，它是为着一般公益之设备而起的。例如修筑（或改良）道路、学校、医院及其他营造物所起之公债是。它都是以裨益一般文化及幸福为目的的。（二）收益的公债——这和私经济的投资之公债一样，它是为着公共收益企业之创办（或改良）而起的。例如建设（或修理）电灯、煤气、水管、铁路、运河等所起之公债是。这一类的公债，都是以办理收益事业为目的，所以称为收益的公债。（三）非常的公债——这是和不生产的投资之公债一样，它是完全以填补公共团体普通收费之非常的不足为目的而起的。例如财政救济公债、灾害复旧公债等是。此项公债之兴举，本视其用途之如何而异，故其利弊亦视其用途之如何而不同。总之，以上所列三种公债，其第二种（即收益的公债）可以直接得到收益；第一种（即开发的公债）因为系用以培养地方住民之负担力，所以对于地方财政亦可以间接获到利益；至于第三种（即非常的公债）则不独对于地方财政不能发生何种收益（或利益），而且因为租税预征过多之故，每使地方住民之经济活动力受到莫大打击，因此，于起债的时候，务要格外注意。

此外，起债时应行注意的：（一）地方的起债权，原由国家（以法律）所赋予；其未受赋予的，则不得兴举地方公债。又，即获有起债之权，于实际起债之时，亦须取得国家或上级地方团体之认可（关于发行的方法、数额、利率等，亦须受国家或上级地方团体之监督）。（二）地方公债的形式，计分无记名式和记名式之二种。前者可作货币及证券交易的目的物，所以须信用卓著的地方团体，方能为多额之发行；后者是一种私法上的债权（即不能以作一般交易的目的物），所以不宜为多额之发行。（三）发行地方公债时，须有公债承受机关之设备。例如普国之公共贷付金库、法国之巴黎不动产银行和英国之国立公共工事公债局之类都是。

第三目　税收入

一、一般的观察

地方税之在地方岁入上，乃和税外收入相对立，其占有最重要的部分，固不待言。不过，要明白甚么是地方税，先要弄清地方税和国税之划分。关于地方税和国税划分之标准，在财政学上有二说：（一）谓租税能使纳税人应其税力之大小而完纳的，应划归国税的范围，例如所得税是。盖因国费乃属一般的性质，断不能计其所发生利益之大小，所以不能不弃利益主义而用能力主义。反之，倘是租税之用途，能够发生特种利益，使纳税人特别享受者，则应作为地方税，例如地方的家屋税、土地税是。盖因地方费的用途与国费异，其所发生之效果，大抵皆纳税人享受，所以不能不弃能力主义，而用利益主义。（二）谓租税收入的范围广而数额巨的，应划归国税范围，例如关税、消费税及财产税等是。反之，租税收入的范围狭而数额小的，应划归地方税范围，例如车捐、屠捐及戏捐等是。关于（一）说，倘在国家政务只限于国防、外交、司法、内务等（或地方团体自治的范围只限于土木、教育、劝业等）之时代，则谓国税当取能力主义，地方税当取利益主义，或有几分理由；但若在今日，则国家的政务如交通、实业及教育等行政，固亦可与特种地方的人民以各种的利益，加以地方团体之委任行政日见增加，而地方自治的范围亦日益扩张，如内务行政、感化、教育行政等，亦未见能与纳税者以特种之利益，所以此说，是不足取的。关于（二）说，倘在国家政务的范围，远比自治政务广泛的时候，或能成立；然当兹自治行政的范围日益扩张的时代，地方费的总额，亦有超过国费之总额的（如英国便是这样），可知地方收入之重要，固亦不亚于国家收入，因此，断不能谓税之范围广而数额巨的，应划归国税范围，而税之范围狭而数额小的，应划归地方税范围，所以此说亦不足取。

此外，有主张依国费和地方费划分之理由，以为国税和地方税划分之标准的。即国费和地方费划分之标准，当视其政务之便利如何而决，凡便于国家经营的，划归国费，便于地方经营的，划归地方费。今于地方税和国税划分之际，亦可应用同一理由，凡税之便于国家征收者，不问其范围之广狭、数额之多寡，以及将来用途之如何，皆划归国家税。例如关税、消费税、所得税等，若使由国家征收，可收划一之效，而免于重复或走漏之弊者，应作为国税。反之，税之便于地方团体征收者，亦不问其范围之广狭、数额之多寡，以及将来用途之如何，皆划归地方税。例如田税、家屋税及营业税等，若使由地方团体征收，其征收费既可减省而又无重复或走漏之弊者，应作为地方税。此说似较前二说，为切于实用。要之，地方税的种类，极不一律。譬如对于同一税源，既课以国税，又课以地方附加税（此虽因国家之发达，先于自治团体，一切税源，多为国家先占，所以地方团体不得不课以附加税，但从纳税人方面说来，实在受着二重的负担），殊与国民经济的原理不合。在这里，我们默察现状下的时势，对于国家和地方团体之间，似应采取“让税”制度，从新企图国家租税统系和地方租税统系之调和；除遵照《国民党政纲》对内政策第八条：“严定田赋地税之法定额，禁止一切额外征收，如厘金等类当一切废绝之”(注)，并第十四条：“由国家规定《土地法》《土地使用法》《土地征收法》及《地价税法》，私人所有土地，由地主估价，呈报政府，国家就值征税，并于必要时得依报价收买之”之规定办理外，对于税目之划分，亦不能完全据自纯粹的学理，应参酌情形以行，方不失为因时制宜之道。至于地方团体虽有课税之权，但对特别税及附加税，亦应存有相当的限制。须知过宽固足减少正税之收入，而过严亦足妨碍自治之发展，这一点，尤宜格外注意。此外，对于重复的税目，更宜早日废止以符公平原则。

（注）撤废厘金及类似厘金之一切税捐，业经国民政府明令主管院部，遵令通饬如期实行；并令行各省政府，如尚有对于前此之裁厘命令阳奉阴违或巧立名目，擅自征收各项类似厘金之税捐等情事，即责成监察院，派员实施查明惩处了。

国民政府又于民国二十年四月三日明令："查裁撤厘金及类似厘金之一切税捐，前经明令，限于本年一月一日以前实行，原期解除民众历年痛苦，故将该项秕政，澈底廓清。惟前次裁厘金议，曾有议决，于裁厘后举办特种消费税之案，现经一再详加考虑，仍恐此项新税，实施时难保不沿袭积弊，成为变相之厘金，有违初愿，应即及时宣告免予举办，用示政府体恤商民有加无已之至意。"可见额外征收已被禁止了。

二、地方税

在这里，要说明的就是纳税义务及课税客体。地方自治制，对于地方税之纳税义务者等，应分为人税、物税、行为税之三种而规定的。所谓人税，就是凡本地方住民均有负担的义务；又，即非本地方住民，其在本地住过三个月（?）以上者，应和住民同样负有纳税的义务。所谓物税，就是凡存在本地方内之土地、家屋、物件，均为本地方税之课税客体；其"具有""使用"或"占用"该土地、家屋、物件的人，都有纳税的义务。所谓行为税，就是凡本地方内所为之营业及其他特定的行为，都是课税的客体，而以"行为者"为"纳税义务者"的。像这样，把税分为三种的体系，自不能算为无意义。不过，在课税客体之中，于地方自治制上，也有未曾（或不能）课税的：如寺庙佛堂以及宗教用的建物（和其境内地），国家与地方团体公用（或供公共之用）的家屋、对象、营造物、国家的行为、国家的事业，并国有土地、家屋、物件，又如军人从军中之俸给津贴、扶助费、伤痍疾病者之恩给、退隐费、邮政贮金的利息，以至依着所得税法所规定，不得课以所得税之所得之类，都是其例。

还有一点，应加注意的，就是课税客体假使跨过数个自治体域区的时候，对于“课税”的问题如何解决之一点。例如有个公司涉及甲区和乙乡的境界，对于该公司就是要课所得税、附加税和营业收益税、附加税等，也是做得到的。不过，该本税之中，甲区应课附加税若干，乙乡应课附加税若干，在这种课税标准未决定以前，该纳税义务者自亦不能把本税任意分别缴纳的。在这当儿，原是完全未确定的，那末就要由甲区和乙乡出来协定一种标准，就是确定甲区应课的本税之比例和乙乡应课的本税之比例，而后嘱令该公司照着所协定之比例缴纳是了。

三、公用负担

和地方税具有同一性质的，就是公用负担。这虽不是纯粹的税，但可看作和税一样。

公用负担之第一的是负担金。于地方自治制之上，设置于数人或本地方之一部的人之营造物的时候，该设置以其他必要的费用，可命由该关系者为经费之负担。此项负担，在性质上自不是税，乃是一种的负担金。普通在地方内，都以这种负担金作为税征收，但究竟这是一部分的人所负担的，自不是税。

第二也是同样的负担金，但它和前面所说的那种负担金，在法律上看来，多少总有相异之点。一般所谓受益者负担，便是指这个。例如上海市有个新街市计划事业，对于该事业受了显著的利益之人，是负有一定之负担的，或是依着道路法在改修道路的时候，对于沿道之住民，是要课以受益者负担的。这也是一种的公用负担。

第三就是夫役现品。这个名词——夫役现品——倒是很新鲜，我现在用最简单的文字，把它解释一下。所谓夫役现品，即力役之征。论它的性质，实与税相同。其与税异的，就是为着特定的事业，要求劳役，倘不能供以夫役现品，则请人代服劳务，或纳付金钱，借作夫役现品之替代。其以夫役现品折合现金的，则依地方税的税率赋课，而以缴纳金钱为原则。在夫役现品里，有二个种类，一是命由一般负担的，一是急迫的时候，命由人民供给夫役现品。这二种都不具有税的观念。

四、结论

关于税收入之重要的问题，在前面大概都已说过，现在要引到结论上来了。

大凡在地方税里，有附加税和独立税二种。附加税云者，乃指国税附加税而言。独立税云者，则是地方单独所课的税之谓。关于国税附加税的，有地租税附加税、营业收益税附加税、所得税附加税、矿业税附加税、砂矿区税附加税、交易所营业税附加税等。至于独立税，则有特别地税（不满二百圆之地价的税）、家屋税、营业税（不列在营业收益税之内之一种小营业税）、杂种税（杂种税的种类甚多——如船税、车税，即脚踏车、汽车、人力车、货车税等）、水车税、市场税、电柱税、金库税、牛马税、犬税、狩猎税、屠畜税、不动产取得税、渔业税、游艺师匠税、游艺人税、俳优税、演艺税、游兴税等。要之，在税目未划分以前，一切没有根基，以区区的我，自亦不能拿出甚么贡献，以上不过代为搜点材料，聊供研究罢了。

第二款　地方团体的会计

一、地方自治体的预算

关于预算的事，在第三章第二节第一款第一项内，已经略略说过，现在为避免重复起见，只把未说过的提出说。

预算有二义：（一）以指预算案——即公共团体之关于支出和收入所立计划的文件；（二）以指支出和收入之计算——如预算制度是。前者指案件，后者指事实，二者不可含混。

预算之“发案权”，是属地方自治体的理事机关；而对预算的费目，在不变更该议案的本质之限度以内，欲加以增减的，则是属于地方自治体的意思机关之“修正权”的范围。

其次，对于地方自治体的预算，务要注意的，就是国家的预算，时有“不成立”的情形发生，而地方自治体的预算，绝没有“不成立”这一回事。为甚么呢？因为代议制的国家，议会时有被解散之事。在议会被解散的时候，国家的预算，就失却协赞之机会，其结局，翌年度的预算便变成“不成立”。又，国家预算全部未经议会议决或否决的时候，那证预算，也是同样不能成立的。至于地方自治体的预算，就不是这样。即地方自治体之应议决而未议决的事件，可援用所谓“原案执行”的方法，所以在地方自治体预算上，并没有“不成立”的事。换句话，下级地方自治体的预算未议决的，可请由上级地方自治体之指挥处理（即执行原案）。关于“原案执行”这个问题，固很有研究的地方，但因为在地方自治体之自治运用之便宜上，时有“非常手段”之采用，因此，地方自治体的预算，总没有不成立的时候。

地方自治体的预算，可为既定预算之“追加”或“更正”，并为充实“预算外”之支出及“预算超过”之支出起见，倘可为“预备费”之设立；又就“期在数年之内方能办理之事业”之部，可定为各年度的支出额而为“继续费”之设定。还有一层，对于特殊的事业，亦可设立“特别会计”。

预算的目的，在使实际上之收支能如预算。为欲达到“预算适如所期”，所以对于“算出方法”，不得不加以研究。算出方法有二：（甲）算定岁出之法——在岁出之中，又可分为两种：（1）固定的岁出。如依确定法律而来之自治职员经费或薪俸，和依已经意思机关同意之确定契约而来之公债本利是。（2）不定的岁出。如物件费、财务费、新建筑的建筑费和新事业的经营费之类是。其支出额之多寡本无前例可循，且恒因经济社会的情形（如物价之涨落等）而有伸缩的。关于（1）项岁出之算定，本极简易，只据法律契约揭其实额便行。惟关于（2）项岁出之算定，则颇困难。盖因偶不经意，往往生出实计岁出与预算岁出大相悬隔之弊；其结果必使财政之运行，不能得到健全。考各国现制，对于此种

岁出，约有三种标准：（一）以前数年度之岁出现计的平均额为基础；（二）斟酌加以本年度所需之新事业费；（三）观察经济物价及工资之大势，预想本年度之涨落，而对于各项目的经费，加以相当的增减。如是，预算和实计虽未必便可适合，但相差亦不至甚远。（乙）算定岁入之法——因为岁入多带流动性质，如公有财产收入、公共营业收入和租税收入等，其额多依经济界之盛衰，而呈出非常的变动；所以其预算与实计，较之岁出，尤难求到适合。又，在岁出方面，地方机关是立在主动地位，操有支出之全权，即偶因物价等经济界之变动，而使预算之经营发生不足的时候，亦可减缩其政策或事业，而力求撙节以资弥补。至于岁入方面，就不是这样。地方机关乃立在被动地位，收入多寡之权，大抵操之自然界，万一经济界发生变动，而使收入减缩的时候，便无法使其增加，乃致预算与实计往往生出大大的悬隔。按各国预算上岁入支出之法有三：（一）以上年度之实收额为标准之方法；（二）以上年度之实收额为标准少加增减之方法；（三）以前数年度之平均收额为标准少加增减之方法。要之，对于各种租税或增或减，各按地方经济情形而定，原不能一例而论。

预算之种类可依各种标准而定：（一）以预算上岁入之性质为标准，可分为：（1）总额预算——即记载一切岁入总额之预算（略等于各公司资产表）。（2）纯额预算——即从岁入总额中扣除管理费、行政费和征收费等费用，仅记载纯收入额之预算（略等于各公司损益表）。（二）以时期之先后为标准，可分为：（1）临时预算——即临时编制之预算；这乃因本预算尚未议定，而年度已经开始，不得已划定一个极短时期从权施行的。（2）本预算——即一年度本来应行之预算（即岁入岁出之总预算）。（3）追加预算——即本预算已经提出，为补本预算所不足（或为应新发生之事实），而追加之预算。（三）以预算范围之广狭为标准，可分为：（1）总预算——即包括一切岁入岁出之全体之预算。（2）特别预算——即关于特别会计之岁入岁出之预算。特别会计约有四种：（A）为一时而设之特别会计，如战时之特别会计是；（B）为特定目的而设之特别会计，如公债偿还基金和币制整理基金之类是；（C）为特定营业而设之特别会计，如公营铁路特别会计和邮政特别会计之类是；（D）为特定事业而设之特别会计，如学校特别会计和图书馆特别会计是。（四）因预算上收支所属年度之不同，可分为：（1）上年度事后承诺预算——即上年度预算上预备金实行之后，于本年度之预算上载其用途，求事后承诺之预算。（2）本年度预算——即纯属本年度应有之收支之预算。（3）后年度预算——即本年度上所载之数年度以后所需经费之预算（即所谓继续费）。（五）因预算内容烦简之不同，可分为：（1）总预算——这和（三）项所述之总预算名同而实不同，盖这乃是记载大体之预算。（2）详明预算——亦称为各部预算，或类别预算（又各机关所管岁出入额预计书或说明书，即详记细目之预算）。

预算之种类，既如上述，但在地方自治体所可用者，大约为（一）总预算、（二）详明预算、（三）追加预算、（四）特别预算、（五）本年度预算、（六）后年度预算之六种。兹将关于办理预算应注意之要点录下：

（1）会计年度以本年七月一日（?）起，至翌年六月三十日（?）止。

（2）地方预算分普通会计及营业会计两种，每种各分若干类。

（3）地方预算分岁入岁出，再各按其性质分为经常、临时两门，均各别编制。

（4）属于地方收入机关之支出，列入地方岁出预算；属于地方支出机关之收入，列入地方岁入预算。

（5）各机关逐年常有之各项收支，均应列预算经常门；其非逐年常有之各项收支均应列预算临时门。

（6）凡一年度内，仅有数目或数次而非按月常有之各项收支，即年度内按月常有而额数相差较巨之各项收支，应于说明栏内详细注明。

（7）凡有收入的机关，其岁入预算，应与岁出预算同时编送；其有临时收支者，临时预算应与经常预算同时编送。

（8）预算书之编制，均应依照规定格式尺度和各该说明书办理。

（9）岁入岁出预算均应以国币银元为本位。

（10）岁入预算之计算方法：（一）属于产销性质之税收（如盐税、烟酒税等），以本管区域内之产销额数计算；（二）属于通商性质之税收（如关税、邮包税等），以本管区域内货物流通之状况估计；（三）属于固定物之税收（如田赋、房捐等），以本管区域内固定物之额数计算；（四）属于行为税之收入（如印花税等），以本管区域内商市民力之荣枯估计；（五）属于沙田、官产、屯卫田地之收入，以本管区域内沙田、官产、屯卫田地之额数及清理之状况估计；（六）属于行政之收入（如注册、版照、诉讼罚金等），以法令之规定及各该机关行政之状况估计；（七）属于事业之收入（如学费及试验场所产物之变价等），以各该事业之状况估计；（八）属于营业之收入，以营业状况连同成本计算；（九）各项税收，有一定比额者，以比额计算；（十）各项税收，如不能以上列各项之规定计算者，以最近三年间实收状况为根据。其逐年递增或递减者，按增减比率及增减原因估计。其增减无定者，按三年间平均数并参酌增减原因估计。

（11）岁出预算之计算方法：（一）俸给之计算，以各等级中一人为单位，按一人之俸额积算；物件之计算，以各该品类中一件为单位，按一件之价值积算。（二）估计一人应给之俸额，有规定之数者以规定之数为标准；无规定之数者，比照同等级之有规定者估计。（三）估计一件应需之价值，有规定之价值者，以规定之价格为标准；无规定之价值者，以当时当地之市价估计。（四）积算俸给有一定之员额者，以定额为限；无定额者，以上年度开始之月原有员额为标准。但因事务之繁简，须临时雇用者，得以前年度平均人数为标准。（五）积算物件有规定之件数者，以规定之件数为限；无规定件数者，以前年度实际使用之平均数为标准。（六）算定偿还债款之数，其利息、本金及其他各项费用，均根据各该契约之规定估计。（七）旅费之计算，除有特别原因者外，以前年度实支数为标准。（八）凡计算各项经费，均应满收满支，不得将收支数目互相抵除。（九）根据法律、命令、契约应行支出之总数，业经确定者，以总数额列入。（十）不能根据以上各项计算方法计算之经费，用比较实在之方法估计，并将计算所根据之理由说明。

二、地方自治体的出纳

预算一经议决，自会计年度开始之日起，即发生效力。其施行收入及支出，论理只至年度告终之日为止，但事实上往往有延长至年度告终之日以外的，这虽出自不得已的情形，惟亦不宜延至出纳整理期间（注）以外。又，出纳的项目数量，是以预算上所明记者为标准，自不能任意流用或为预算外之收支。这二点，凡司出纳者都是应该知道的。兹将收入机关和支出机关分别说明于后。

收入机关有二种：（一）为命令机关，（二）为领收机关。前者就是发“征收命令”的机关，如税务署长发布命令于纳税者，令其照章完纳；或委任地方机关（使其代发命令）代收之类是。至于税外收入，或下令征收或以贩卖法征收，原无一定。后者乃是实行征收或收纳的机关，如代理金库之中央银行、中国银行、交通银行之类是。

支出机关亦有二种：（一）为命令机关，（二）为支付机关。前者就是发“支付命令”的机关，如地方之理事机关首长及受其委任之补助机关人员是。后者乃是实行支付款项的机关，如金库之类是。

收入机关和支出机关的情形既如上言，但这两种机关，都是收支之“物”的条件，至于收支之“人”的条件如何，在这里自也有一说之必要。

司出纳者之能否尽职负责，实与地方之岁出入预算之能否遵行，大有关系。我们中国以前的出纳官吏，营私舞弊，亏空侵吞，无所不至，这是以前的事，且不去提它。可是，现在之司出纳者，虽有“如有营私舞弊，愿受党的最严厉之处罚的宣誓”，但宣誓仍宣誓，营私仍营私的，还是所在多有。因此，我对于出纳人员，乃有尽职保证（Fidelity Bond）之提倡。

近来欧美各国的出纳官吏，差不多非得有法律所指定之保证公司的担保证书，不能就职。保证公司对于所保之官吏，不独只保其忠诚尽职，就是该官吏所负责之公款，除属于天灾兵祸者外，无论直接间接，凡发生损害时，该公司均负赔偿之责，其保险费都由公家负担。

至于公司对于尽职保证的请求者，倘具有下列［（一）曾犯不信实或欺骗行为者，（二）奢侈淫惰及各种不良嗜好者，（三）滥借债务挥霍无度者，（四）性耽赌博及好作投机买卖者，（五）所举证人不能证明事实者］之一者，就要拒绝其请求。这个方法，倒是尽善尽美，似应效法。

（注）出纳整理期间之长短，因国而异。法国的出纳整理期间为八个月，其中整理出纳复分为三阶级：关于物品事务，以翌年二月一日为限；偿还债额及其支付命令之清算，以翌年七月三十一日为限；征收岁入及付出经费，以翌年八月三十一日为限。比国之出纳整理期间为十个月。日本之出纳整理期间为七个月，中亦分为三阶级：支付命令之发布期间，以翌年五月三十一日为限；金库出纳期间，以翌年六月三十日为限；账簿结算期间，以翌年十月三十一日为限（惟最近改正《会计法》，岁计之整理期间缩短，最终期限为七

月末日）。我国之出纳整理期间，在民国以前，各省及中央甚不统一，有长至二年以上者；径至民国三年才有《会计法》第二条“每年度岁入岁出之出纳事务，其整理完结之期，不得逾次年十二月三十一日”之规定，是我国近来之出纳整理期间亦只规定为六个月了。这是出纳整理期间之长短，各因国情而定的情形。至于地方财政之出纳整理期间的问题，各国也是各因地方团体的情形而定，原无一致之规定，但无论如何总是短促得很。逾此期间之一切的收支，大概是编入翌年度的。

三、地方自治体的决算

所谓决算，即对于预算实际的收支结果。它和预算同一样式，以明预算实行之成绩，而资意思机关事后的监督。

决算制度原是财政之形式的要素之最后部份，由其程序看来，似又可分为三种制度：（一）为核算制度——即预算施行之“行政的”监督制；（二）为审计制度——即预算施行之“司法的”监督制；（三）为狭义的决算制度——即预算施行之“立法的”监督制。兹将关于总决算所揭载之事项列后。

第一，岁入之部：

（一）岁入预算额——即总预算上所载之岁入额。

（二）查定岁入额——即根据总预算上之岁入项目，实行查定之额（因为预算的定额，原不过是一种推测之额，究竟税源之大小，非经查定，无从明了之故）。

（三）已收岁入额——即查定额中之已收者（因为查定之额，不必就能实收之故）。

（四）岁入亏短额——即已收岁入额，比较岁入预定额所生之差额。

（五）收入未完额——即未能如征税命令及纳额通知完全收入者。

第二，岁出之部：

（一）岁出预算额——即总预算上所载之岁出额。

（二）预算决定后增加额——即总预算上所未明载之岁出额（如预备金之支出及非常支出等是）。

（三）支付命令发出额——即支付命令已发而实际尚未发出之岁出额。

（四）翌年度转拨额——即转入翌年度使用之岁出额。

（五）岁出剩余额——即预定岁出和实际岁出相差之额（不管剩余或超过，都包含在内）。

以上每年度岁入决定额中，其年度整理期内而收入尚未完结者，则以收入未完额转拨于翌年度。其转拨额在翌年度内收完者，则作为翌年度收入计算。翌年度犹未能完结者，则更转拨至次年度整理。至关于前述决算制中之计算制度，宜由地方自治体自己决定施行，国家不加干涉。关于审计制度，宜由地方自治机关审查。又，关于狭义的决算制度（即决算核销制），宜以决算议决付与地方意思机关，而以最终决定权付与监督机关。

四、会计年度

会计年度之设，原所以划分收支的期间，而使出纳之清算，使本年度之岁出以本年度之岁入充当，及本年度之岁出定额，不得移作他年度经费，而后预算之收支计划，始得实行。

会计年度既为会计上假定之便宜的期间，所以各国各按其会计上之便宜而定，不必一致。例如英、美、法、日各国，则以一年为一会计年度。德意志联邦中之撒逊巴、登黑逊等邦，则以二年以上为一会计年度。但按各国大势，大抵皆采一年制度，其采用二年以上之制度者，殆属例外。至于我们中国，则历年以来，亦都采用一年制（但只有一面“一年制”的招牌，挂在那里）。

多半地方团体的会计年度，和国家的会计年度，总是相同。今我国家的会计年度既采一年制，则地方团体的会计年度，自然也是采一年制。

考各国会计年度之开始期，约有三种：（一）以一月一日为开始期者，如法国、比国是；（二）以四月一日为开始期者，如英国、日本是；（三）以七月一日为开始期者，如美国、西班牙、意大利是。至地方财政之会计年度开始期，虽和国家的会计年度开始期亦有不同的，然在国家会计年度与地方会计年度，力求划一之国，则会计年度之开始期，差不多都是划一。例如法、日等国的地方制所规定之地方会计年度，都是依着各该国国家会计年度之规定。我国之现在的国家会计年度，是规定为七月一日起至翌年六月三十日止，则地方自治体的会计年度，当然也是一样。

五、出纳检查

最后所要说的是为出纳检查。这个检查，县和区乡镇的方法相异。即，在县方面，出纳检查之权，操在县参议会及县长。县参议会之得为县之出纳检查，乃是县参议会的职务权限；至于县长，其对出纳事务，亦应每月定一定的日期施行定期检查，并于每会计年度内为二次临时之检查。至于区乡镇方面，出纳检查之权则操在区乡镇的监察委员会。不过，上级自治体（县长或市长）似至少亦应每年一次选派检查员检查其出纳人员所保管之现金及账簿才对。

第六章　地方自治的监督

第一节　关于自治监督的基础观念

一、自治监督的必要

自治监督是甚么？要想解答这个问题，先要说明监督的意义。

监督的意义，应分二点来说：一是行于公法上之关系的监督，一是行于私法上之关系的监督。后者如代理人之对于被代理人的监督、使用者之对于被使用者的监督、亲权者之对于无能力者的监督是。前者如各国之立法监督、司法监督、行政监督是。不过，无论属于私法上关系的监督也好，属于公法上关系的监督也好，而监督本身之法律上的性质，原是一样，并没有甚么差别的。为甚么呢？因为监督者不管其为自己之利益或是被监督者之利益，而对于被监督者之行动，都是要监视的，且于必要时，并握有干涉之权。盖其目的，是在保全其“可以保全”之利益这一点上面的缘故。

所谓立法监督，在三权分立的国家，是立法机关（即国会）对于政府而行的监督。但我们国家的立法机关，是为立法院。立法院乃国家五个最高机关（即行政院、立法院、司法院、考试院、监察院）之一，它是立在政府的地位，且加五院都是各自分立，谁亦不能干涉谁，所以这个立法监督，在我们政权治权划分很清楚的国家，是用不着的。至于我们之所谓立法监督者，乃是国民大会（注）之对于政府的监督。但这和地方自治，本没有甚么关系，且不去说它。所谓司法监督，乃是本自司法权作用的监督，这在地方自治上，自是很重要的。例如地方团体的职员，其执行职务有构成犯罪的行为，则必受刑事上之追诉；又，或为民法上之不法行为，因而负着损害赔偿之责的时候，应受法院的裁判。像这种法院之判决的事情，原都是间接地对于自治行政发生监督之效果的。所谓行政监督，就是国家本自行政权作用所行出来的监督。其受监督的，或为行政官厅，或为公共团体，或为私人，其范围甚广。惟是，对于行政官厅和私人之监督，只要做到与国家自身的利益不生相违便行；至对于公共团体之监督，则务以保全团体的利益为主要。关于这一点，以后还有很多话要说，在这里，暂置不提。

现在先说对于私人所行的监督。凡对于私人的监督，如对于银行、交易所、保险公司及其他私人或法人所营之事业，并私立学校和宗教团体等的事业之监督，其和地方团体及一切公共团体所施之监督，虽同属行政监督，但在法律上的性质，微有不同。为甚么呢？因为对于私人事业之监督，乃本自警察权之作用的监督，只要于其所经营的事业上，不使之紊乱公共秩序之行为或意思就行。他如关于学术或宗教的事业之有关于公益

者，其监督的目的亦不外乎此。所以监督者，自不能对其事业更进而有所指挥。至于公共团体所受之监督，并非警察权作用之监督，乃是行政上之特别的监督。这个特别的监督，它是具有特别监督的权限，因而与国家对于行政官厅和私人之监督，殊多不同，它原是别出一格之特别的监督。

自治监督的意义，既如上言，但为甚么地方自治体要有自治监督呢？这个问题，自是很重要的问题，容我蘸足墨水，再来把它写出。

地方自治体，无论是县也好，区乡镇也好，究其实都是处理“地方的”行政事务的团体。所谓地方的行政事务云者，论其本质，原是具有“国家的”性质。因此，像先前所说，国家内之一切的行政事务，应由国家自己去燮理，这就是国家之存在的原因，也就是国家的使命。可是，在一面因为国家的地域非常广阔，且其应行处理之行政事务又极繁多，在实际上，一切均由国家自己去处理，差不多是不可能的；又在其他一面，从行政运用之实际上说来，也是不大适当的。因此，国家为谋处理地方的行政事务，以增进地方住民之福利起见，对于各地方因邻保关系，所结合之社会的团体生活的集团，乃有畀以法律上的人格，而把国家的事务内之具有地方的性质者委给它，使为适当的处理之必要。所以今日之所谓县制乡镇制的法律，其属于地方自治体的权限之一切行政的事务（即所谓公共事务和委任事务），不管其如何区别，都是具有国家的事务之本质，这是毫无疑义的。

如是，可知地方自治体的终局，乃是依着国家之委任处理国家的事务之团体。所以该团体之如何组织，又其事务之如何处理，国家自不能不加以慎重的注意。本来，国家对于公益法人及营利法人等私法人之设立或消灭乃至其活动的状况等，自然均有监督之必要，而期其事务一一都走入适当之途。可是，私法人之所营的事务，因局限于私法的性质之关系，所以“国家对其组织和活动等等的细目，毋须加以严密的监督”之自卫的必要。反之，地方自治体之活动，其事务的本身，原具有国家的性质，国家对其事务的成绩之有无，因有极大利害关系的关系，所以视其和一般私法人的关系大大异趣，乃于这种大大异趣之“形式”及“内容”上，不得不把其监督权保留下来。

关于国家之对地方自治体，所以保留其特别监督的理由，既如上言；兹更就“其以监督为必要”之具体的理由，从监督者之国家自身的立场和被监督者之地方自治团体自身的立场之两方面考察来，则得有以下那几点：

（1）由国家自身的立场看来，国家对于地方自治体之各种活动，所以有监督之必要的。可分为地方自治体之“行政方面”“财政方面”及“社会的方面”之三个方面来说：

第一，对于地方自治体之种种行政行为，所以必要国家之监督的，这原由国家之“以自治行为能够保障其适当为目的”之一点而发生的。我以为多数的自治体，虽抱有非准据国家的制定法而活动不可的观念，但在事实上，其活动往往逸出常轨，而作那违法越权之行为的，也不是没有。又，陷于阻碍地方自治之圆满的运用之结果的，亦所在多有。并且，地方自治体是以独立的人格者而行动，所以不论谁人，都不得加以是非。因此，它越得“举头天外”“目中无人”而为违法越权之行动，循至自治生活日趋乱暴放恣之流，这岂非反乎企图国利民福之本来的意旨么？像这些事情，国家亦能放置而不问么？这就是我们从国家自身的立场，期望地方自治体的行政行为之适正的必要上，认为不得不辟自法监督之一个途径的原因。

第二，是对于地方自治体之国家的监督。从地方自治体的财政和一般的财政方面之必要上观察来，是要这个监督之存在的。我以为于地方自治体之为邻接关系的团体及消费者之强制的团体之立场上，为使满足这种复杂的现代社会之社会的以至经济的之需要计，势必至把地方自治体的事务尤其所管理之公共的劳务，逐年使之扩张。那末，其结果：自治体的经费，自要日见膨胀。像这种巨大的地方费，究何所出呢？其结局岂不是把“全担的水”撒在地方民的身上么？而其形式不是由地方税或地方债或其他巧立名目之类的公课表现出来么？何必多说，地方的事务益趋广汎，其结果非弄到“地方费之台高筑”不可的现象。虽然，这毕竟是由地方住民之负担所表现出来的，似此只顾事业之扩张，全置地方民之负担于无视，这难道也可以说是国家的本意么？在这种意味上，国家对于地方自治体之经营，自非加以必要的财政上之监督不可。至于国家在这种关系上，所施监督之重要的事项，则有下之数点：（一）关于一般的公课之地方税——原来说到国家费和地方费，究其负担的终点，还是离不了国民，所以对于国民负担的程度，倘欲加以十分的考虑，则无论如何，非把国家税和地方税合并讨论不可。在这里，国家一面界地方自治体以课税权，一面对于必要的限度内，并把涉及该课税权的内容及形式之监督权保留着。（二）关于地方自治体所负担之债务——原来地方自治体是享有财政权的，它是以财产权之主体，得为财产之管理的。又，从一般私法上之问题说来，自治体自己对于其他的人格者，亦可自由地责以债务之负担。不过，国家和地方团体的关系，其与普通私法人或个人的关系是完全异趣的。因为地方团体经理财政之适当与否，对于国家，是有重要的影响，所以地方自治体在“杜撰的财政计划”之下，负有莫大的债务，及对于将来的国民予以多年之财政的痛苦之二点，非尽量力图避免不可。不但这样，地方债之不自然的增额，其和一般金融界之消长，也是与有不少的影响，这就是国家对于地方自治体之债务负担，应保留其适当的监督之原因。

第三，是关于国家的自治监督之社会的意义。这毕竟是指对于地方自治体之活动，应予以一种“比任何监督方法，都要更高一着”之社会的价值而言。例如国库对于地方自治体之补助政策，在一面，对于地方自治体是以“予以财政援助”为目的；同时，在其他一面，是含有企图地方自治体之财政的负担之均衡的意味。因此，乃有以“于一切人民的生活上之最低限度，其所需要之普遍的设施，应由国家或公共团体提供的”，这一个主张，乃是实现“全国的”之一个方法。所以自治监督，在一面不能不认为具有社会的价值了。

（2）即在地方自治体自己的立场，对于国家监督之

存在的事，亦不得不认其有相当的意义和价值啊！现在拟把它从地方自治体之事务管理的形式和事务管理的内容之二方面表现出来。

地方自治体的事务，是为自治机关所管理的。在自治组织上，本有自治体之意思机关和理事机关之两个机关相对立，而其职务权限，原亦明确地分离着。在这种关系上，这两机关之间，乃生出事务管理各有所属的形式，所以国家发动其监督权的时候，自然也是要依着这种形式而裁理的。不待言，像这样的自治监督，于自治之发达及其道程上，本是很需要的，以今日之情势，对于国家的监督权，至少也要认其有存在之必要。更由地方自治体之事务的内容那一方面考察来，今日多数的地方自治体，各依其所见而管理自治事务，其对于自治体受着痛感的人，皆以为从自治体之财政的关系，欲得一行政上之出色人物，依其意见以为最理想的劳务之管理，这完全是不可能的。因此，国家对于地方自治体之事务管理，为要使其为最合理的之研究和指导计，乃有一切自治职员均须经过考试之规定。如是，则这些人对于自治体的事务之管理，在实质上是比较的善良的，在财政上是比较的能够经济的，一面更由国家加以指导监督。因此种种，所以地方自治体对于国家的监督，即从地方自治体的事务管理之形式及内容之二方面看来，都不得不容忍其有相当的意义和价值。

（注）国民大会的内容究竟怎么样？兹谨就我个人之所知的，拟出数条，借供商榷。(1) 国民大会，以中华民国国民所选举之代表组织之。(2) 国民大会代表，为中华民国国民全体之代表。惟从自己良心和责任行动，不受任何拘束。

(3) 国民大会代表，由中华民国各县用普通平等直接之选举，并依一县一人之原则，由中华民国国民年满二十岁（?）之男子女子选举之。选举日期，当在星期日或公共休息日——细则以《选举法》定之。(4) 国民大会代表之候选人资格，由考试院用考试方法审定之。(5) 凡官吏与现役军人之为代表候选人者，当与以一定休假，使其准备选举。(6) 国民大会当自行审查代表之当选证书而下判决。(7) 国民大会代表就职时，须为下列之宣誓："余誓以至诚，遵守法律，服从公意，执行代表之职权；如有违法或失职行为，愿受国民最严厉之处罚。"(8) 凡官吏或现役军人，一经被选为代表后，须正式退辞，以代表在职期间为限。(9) 国民大会代表，须具尽职保证（我个人的主张），方能就职。(10) 国民大会代表，不得兼任文、武官吏。(11) 国民大会代表，得在全国铁路搭乘火车，不纳车费——但须由政府给以长期乘车免票，以三年为限。(12) 国民大会代表，以其代表资格所投之票，不受任何人责问。(13) 国民大会代表，每三年（?）选举一次，任满后六十日内，当施行新选举。国民大会代表选举后三十日以内当召集第一次会议。(14) 国民大会代表之职务，应俟次届选举完成，依法开会之前一日解除之。(15) 国民大会主席，由国民大会代表互选之。(16) 国民大会自行集会、开会、闭会，但临时会于有下列"(A) 国民大会代表有三分一以上之联名通告；(B) 政府之请求；(C) 全国国民1%（?）以上之请求"情事之一时行之。(17) 国民大会常会，于每年十月（?）第一星期三日在中华民国首都开会。(18) 国民大会常会会期为三个月（?），得延长之，但不得逾常会会期。国家预算未成立以前，国民大会常会不得散会——接到立法院送来之预算案，须于三十日以内议决。在战争期内，国民大会当常川开会。若经其自行议决休会者，不在此限。(19) 国民大会非有代表总数过半数之列席，不得开议。(20) 国民大会之议事，以列席代表过半数之同意决之。可否同数，取决于主席。(21) 国民大会之议事，公开之；但有必要时，秘密之。(22) 国民大会得设秘书处，其组织法另定之。(23) 国民大会当自定议事规程。(24) 国民大会对于宪法有决定并颁布之权。(25) 国民大会对于宪法有修改之权。关于宪法之解释，得委托立法院行之。(26) 国民大会对于大总统离职，有议决定其代理之权。各省国民大会代表，对于各该省省长有选举之权。(27) 国民大会对于中央官吏有罢免之权。国民大会认大总统有违法或失职行为时，须以代表总额三分二以上之出席，出席员三分二以上之同意，方得决议举行国民投票以罢免之。认各院长违法或失职时，应黜其职，并得夺其公权；如有余罪，付法庭审判之。对于其他官吏认有违法或失职时，得组织查办委员会查明交政府惩办之。(28) 国民大会对于中央法律有创制之权。(29) 国民大会对于中央法律有复决之权。(30) 国民大会对于国家预算案、决算案、宣战案、媾和案、条约案及其他国际事项有议决之权。(31) 国民大会代表，对于各该本县之对于中央政府之负担，有决定之权。(32) 国民大会依法律接受国民之提案。(33) 国民大会代表于会内之言论及表决，对于院外不负责任。(34) 国民大会代表在会期中除现行犯外，非得本会许可，不得逮捕或监视。国民大会代表因现行犯被逮捕时，政府应即将理由报告于本会。但本会得以会议要求，于会期内暂行停止诉讼之进行，将被捕代表交回本院。(35) 国民大会必要时得请政府官吏之出席。(36) 国民大会得许政府委员之出席请求——政府委员出席国民大会，并得要求发言。各省亦得派全权委员出席国民大会，宣明该省政府对于本会讨论之事件之意见。(37) 维持大会之责，全由主席负之。未得主席之许可，武装军警不得驻于大会会场之内或是四围。未得主席之许可，任何官吏，不得在会场内有何权力行动。除经大会委任携带武装服务于大会者外，任何武装之人，不得擅入大会会场内。（38）国民大会代表之岁费及其他公费以法律定之。（39）国民大会代表违法，或失职时，由中华民国国民执行罢免权罢免之。各县国民行使罢免权时，须同时另选一代表补充之。

二、自治监督的形式

国家对于地方自治体之自治行为所行之监督方法，得由各方面观察的，先由“以监督权之发动时期为标准”区别来，可分为事前监督和事后监督之二种。由“以监督权之发动状态为标准”区别来，可分为积极监督和消极监督之二种。又，由“以监督行为之目的为标准”区别来，可分为以指导为目的的监督和以公益保护为目的的监督之二种。

事前监督云者，即于地方自治体所为某种行为之前，对于该行为，由国家行使其监督权之谓。其最普通的情形，以国家之同意为一定的自治行为之成立要件。这是以“认可”“许可”之类的形式，为其所行之监督方法。至于事后监督则恰与此相反，即凡地方自治体所已为之特定行为或不适正行为，国家倘认为不宜放任的时候，则依着监督权之发动，把其不适正不妥当的状态，加以矫正之监督方法。例如把地方自治体之违法越权的行为取消，把地方意思机关解散，以及对于地方自治体的机关之不适正行为，施以强制的代执行代议决等，都是这种监督之典型的方法。

事前监督和事后监督之监督方法，其性质上之差异，既如上言，现在把它从地方自治发达之过程上观察来，大凡事前监察不论自治行为的内容怎么样，对它总是施以积极的监督，所以于某种意味上，常生国家对于地方自治加以干涉之非议。因此，迨到自治充分发达之后，这种监督自要失其存在的意义。可是，同时，在自治之发达尚未充分的时代，像这种监督，于相当广大的范围之内存在着，这原也是不得已的现象。

以指导为目的的监督云者，即国家对于地方自治体的行政，行其“使之顺着正途，勿逸出行政常轨，以招事务之紊乱”之监督是。大凡地方自治体所处理的事业，不管是公共事务或是属于委任事务之范围的事务，但总不外国家的事务之一部；只是国家以充分地适应于地方的方法，期其实行，所以把它交给地方团体去执行。因此，国家不得不加以甚深之注意，以图地方自治体的事务之运用，渐入圆满的境地。不过，地方自治乃是依着所谓人民自治之主义，它是以“非专门家之一般民众”参与地方行政为必要条件，所以当自治行政尚未充分发达的时代，国家为其自身之必要及为期自治体本身之向上计，乃以“比之自治体本身尤为优越的见识”，对于自治体的行为而为价值之判断；因此乃有把它引导到善良的方向之必要。具此原因，不但感得指导的监督，在地方自治尚未充分发达的时代，实是必要而不可或缺之监督方法；并且同时，到地方自治已经充分发达之后，它差不多是没有甚么用处的。更进一步说来，国民之一般的政治意识，究竟已发达到甚么田地呢？倘把其发达的事情，拿来考虑一下，而后再依着适当的监督之方法，积极的促进地方自治之发达向上，乃是指导监督的意义。惟是，反之，以公益保护为目的的监督云者，即，不管地方自治发达到甚么地位，和其发达之限度如何，总是“无关系的”以其存在为必要之国家的行政监督是。例如对于地方意思机关之违法越权的行为之矫正，这乃是使地方自治体之法律生活能够趋入合法的途径之一种保障的方法。又，地方自治体的机关倘对某事应为而不为的时候，则不得不施以代议决或代执行之类的方法；这个方法乃是振起萎靡不振的地方现象之一种救济的手段。此外，国家对于地方自治体之重要的财政行为，所以保留其同意权的，在一面，为求地方民众之财政上的负担，能够适衡不至过重计，乃把放漫的财政政策加以矫正，借使国民全盘不会蒙受财政的不利益。如是，可见以公益为目的的自治监督，其从行政的性质考察来，实是跟着地方自治之发达，永无消灭的时候。

三、自治监督的机关

各国国家对于地方团体的监督，多由代表国家之监督官厅执行。但我们中国的情形，和他们似有点不同。按《国民政府建国大纲》第十八条载：“县为自治之单位，省立于中央与县之间以收联络之效”；又，《国民党政纲》对内政策第二款载：“各省人民得自定宪法，自举省长。但省宪不得与国宪相抵触。省长一方面为本省自治之监督，一方面受中央指挥以处理国家行政事务”；是我们的自治监督机关，乃为省民自避之省长无疑。此外，对于下级自治团体，则有上级自治团体之监督；又地方自治团体相互之间（即意思机关和理事机关之间）亦得成立监督关系。这自是一言而喻的。

第二节　监督权的内容

监督的目的，是在期望地方自治达到完善。其就学问上之正义说来，就是于行政上之行为，弄到毫无瑕疵，这就是监督的目的。不过，地方团体原具有法律上之独立的人格，于其自治权的范围以内，可以为独立不羁的行动，它是不受国家之干涉的。所以监督机关之监督地方团体和普通的监督官厅之监督下级官厅，不能同日而语。换句话，就是自治监督机关，对于地方自治之监督，第一要尊重地方团体之自由的意志，第二要出以良善的手段之指导，第三不可拘泥于监督的形式，第四不可吹毛求疵。归结一句话，是要慎重又慎重的。至于自治监督机关所有之监督权作用，其种类甚多。兹将其主要者，分别说明于后。

一、监视权

监视权云者，乃是监督机关监视地方行政的权限。这多是依着文书之类的东西，行使其监视权的。例如关于地方行政的文书之检阅，关于处理地方行政的报告之监查，关于地方会计事务之检查，以及于必要时实地检阅之类都是。

二、取消权、命令权及处分权

取消权和命令权及处分权是有关系的，所以把取消权、命令权及处分权并在一起说明。兹先说取消权，第一，是取消议决机关的行为。即监督机关把地方议决机关之违法越权的议决或选举，取消了它。其次，是取消执行机关的行为，这个取消权，就是，“监督机关于自治监督之必要上，得颁发命令或施行处分的意思”。其基自这个命令及处分权的，即监督机关对于地方行政之违法行为，得把它取消，而并有命令处分之权的。例如明知地方的行为，系属违法行为，自不能任其乱做；又，对于破坏地方自治之地方行为，他是不能不过问的。因有这些种种的原因，所以不能不有这些权限之规定。这些权限亦称为非常命令权，但极少行使。

三、代议决权

代议决权，就是对于地方议决机关的议决权所行之矫正权。譬如县长对于参议会的议决，认为违法或越权，会把该议决案送请再议，而参议会仍不改变其议决的时候，县长得将此事报告省长；省长接受该报告之后，可将该案送请省议决机关代为议决。要之，所谓代议决权者，就是属于本地方议决机关之权限的事件，而由本地方议决机关以外之机关代为议决的意思。像前面所说之强制预算，倘地方的执行机关不把它列入本地方的预算，则监督机关便可执行监督处分。又，倘本地方的议决机关不为议决，则监督机关便可将该项预算送由省议决机关代为议决。但此权只能施之于“岁出”，至于“岁入”，则此权便不适用。因为“岁入”在原则上，本没有强制预算的名词之故。

四、专决处分权

专决处分权云者，即凡议决机关应当议决或决定的事件，而由执行机关专决处分之意。说明白点，即属于地方议决机关之权限的事件，因为该议决机关尚未成立或不及召集的时候，则地方执行机关对于议决机关应当议决或应当决定之事件，加以专决，而后再把该事件之处分报告会议是。

五、代执行权

代执行，就是行政上之强制执行。在那里头，有二种形式：（一）凡关于地方自治体之理事机关及其补助机关之不可不执行的事件，倘不执行的时候，则监督机关便可自己把它执行，或派员代行其职务。（二）地方自治体之理事机关及其补助机关，倘遇有障碍不能执行职务的时候，监督机关可派员掌管其职务。

六、解散权

这个解散，不可谓为监督权的作用，因为就政治上说来，它乃是监督机关自诉于地方民舆论之前的方法（但解散之后，务于自解散之日起三个月以内，施行新选举）。

七、惩戒权

地方自治体的理事机关首长对其补助机关，或监督机关对于所监督之地方自治体的补助机关，都是握有惩戒权的。前者所握之惩戒权为谴责和过怠金；后者所握之惩戒权于谴责与过怠金之外，并被赋有将其解职的权限。但对重要的人员解职之施行，其手续务须慎重，非经过惩戒审查委员会之议决不可（其对解职之处分，有不服的，可提起诉愿）。

八、认可权

前已说过，监督之目的，是在地方行政上之行为使无瑕疵。凡违反法规或越其权限以及不当或有害公益的事，就是行政上行为所生的瑕疵。倘其监督目的，是在防止此种瑕疵之发生，则这个监督，是为积极的监督。又，倘其监督目的，是在瑕疵既生之后之救治，则这个监督，是为消极的监督。因为这样，所以积极的监督，可称为事前的监督（或预防的监督）；消极的监督，可称为事后的监督（或镇压的监督）。

以上所说那几个监督行为，要不过是属于事后监督的；而这里所说之认可权，乃是属于事前监督的。

所谓“认可”，系对于特种法律行为，予以效力之谓。如主管官厅对于法人的定款之认可是。但在一般国法上，亦有所谓“许可”“免许”的名词。这和“认可”最易弄错，不可不加以辨明。盖所谓“许可”“免许”，乃是对于一般已被禁止，而于特定的时间，得受解除的意思。如关于当铺营业之免许，则必当铺营业一般已被禁止，惟受免许若，得回复营业之自由之意。

明白了这一点，就可与言认可权。认可权云者，从法律上之性质说来，就是畀以认可之权的意思。原来认可就是“予以同意的”的意思，所以总不出“同意”与“不同意”这二个门坎。

九、决定权保留

地方自治体，虽有自由决定其意思之权，但间亦有不依地方自治体之自由意志，而归由监督机关决定之

者。这就是决定权之所以属于监督作用的原因。这个决定权可大别为三：（一）采地方的意志，为决定的参考。例如地方之废置分合以及境界变更并财产处分之类的事，都是查察地方自治体的意见而决定的。（二）使地方提出数案，就中决定一案。例如选任区乡镇长时，由区乡镇选举候补者若干人，由市长（或县长）决定其选任是。（三）不由地方的意见，完全由监督机关决定者。例如以县民大会充当县会时，是经省长认可而决定的之类是。